2000 MOST COMMON PORTUGUESE WORDS IN CONTEXT

Get Fluent & Increase Your Portuguese
Vocabulary with 2000 Portuguese Phrases

Portuguese Language Lessons

Free Book Reveals The 6 Step Blueprint That Took Students
From Language Learners To Fluent In 3 Months

- **6 Unbelievable Hacks** that will accelerate your learning curve
- **Mind Training:** why memorizing vocabulary is easy
- **One Hack To Rule Them All:** This secret nugget will blow you away...

Head over to LingoMastery.com/hacks
and claim your free book now!

INTRODUCTION

Learning a new language can be compared to starting to swim as a child; it's actually one of the best analogies you can make about it. At first, you'll stand on the shore or the edge of the pool and look at that great mass of liquid, wondering just how you're going to start. After all, if you don't get it right, you'll start drowning and your interest in learning probably won't last much longer after that. So, you wait patiently and lick your lips in anticipation.

Finally, you dare to make a move and jump inside. What you do next will decide just what kind of a person you are.

I use this comparison because many people are too afraid to dare to jump into that pool and take a chance at learning a new tongue — a language that can open new doors for you in your future and become a tool that you'll use to communicate with an entirely fresh community.

There are over 260 million Portuguese speakers in the world and many of the biggest companies in the world will value a worker that speaks two languages. Since Brazil is a rapidly growing economy many international companies will try to establish themselves there sooner or later and then Portuguese will certainly be helpful!

If you've picked this book up, you've already made good progress in learning the language. This book can be an incredible tool in learning the most essential Portuguese vocabulary. Now you've just got to learn how to use it.

What this book is about and how to use it:

When I began to teach Portuguese in personal, one-to-one lessons several years ago, I remember that I used the same system I'd learned while working at a Portuguese school: to teach every single aspect of grammar — the alphabet, nouns, adjectives and so many other things that eventually overwhelmed several of my students and left them dumbfounded. Soon, I learned that I wasn't doing it right and that I was failing my students. While an institute can get away with making you return every single week for a long, boring class about how verbs work, most people who learn Portuguese (or any language) in an unofficial manner simply want to know the most important thing:

They want to expand their vocabulary.

There are hacks to learning every language, but learning the vocabulary is a surefire way of speeding up your learning of a new tongue. Just look at these three amazing stats found in a study done in 1964:

1. *Learning the first thousand (1000) most frequently used words of a language will allow you to understand 76.0% of all non-fiction writing, 79.6% of all fiction writing and an astounding 87.8% of all oral speech.*
2. *Learning the top two thousand (2000) most frequently used words will get you to 84% for non-fiction, 86.1% for fiction, and 92.7% for oral speech.*
3. *Learning the top three thousand (3000) most frequently used words will get you to 88.2% for non-fiction, 89.6% for fiction, and 94.0% for oral speech.*

Just look at those stats and imagine what you could do with this book once you've thoroughly read and practiced what it contains? We're providing you with two thousand of the most frequently used words — equivalent to an understanding of 92.7% of oral speech!

We achieve this not only by giving you a long list of words; there must be context to allow the words to sink in, and we provide that. Each of the terms will be listed with its translation in English and two example sentences, one in each language, allowing you to study the use of each word in a common, accessible manner. We have ordered the terms in their largest number of occurrences in common media, allowing you to begin with the simplest and most regularly-used words first before moving on to the less-used ones.

So now, do you need anything else while reading this book? Yes, you may, as always. There are hundreds of thousands of more words out there, but these will certainly give you a head-start on learning the language and getting closer to mastering it.

Recommendations for readers of *2000 Most Common Portuguese Words In Context*:

Although we'd love to begin right away with helping you learn the vocabulary we've provided in this book, we've got a few tips and recommendations for getting the most out of this book:

1. An example you read can be transformed into an example you write. Why not try to practice the words we provide you by using them in your own sentences? If you can master this, you will not only be practicing your vocabulary, but also the use of verbs, nouns and sentences in general.
2. Why limit yourself to 2000 words? While you're reading this book, you can always find 2000 more *not-as-frequently-used* words and practice them as well!
3. Grab a partner or two and practice with them. Maybe it's your boyfriend/girlfriend, your roomie or even your

parents; learning in groups is always easier than learning alone, and you can find somebody to practice your oral speech with. Just make sure they practice as hard as you do, since you don't want a lazy team-mate here!

4. Use the vocabulary you've learned to write a story and share it with others to see how good (or bad) it is! Find help from a native speaker and let them help you improve.

Now, without further ado, we can finally commence our great lesson! It's time for you to learn Portuguese!

1- o – the

Ele é **o** único que me faz feliz.
He is **the** one who makes me happy.

2- de – of, from

Eu preciso ver a página **do** livro
I need to see the page **of** the book.

Nós pegamos um ônibus **de** São Paulo a Brasília.
We took a bus **from** São Paulo to Brasília.

3- em – in, on

Meu pai nasceu **em** 1969.
My father was born **in** 1969.

4- e – and

Eu preciso estudar matemática **e** português.
I need to study math **and** Portuguese.

5- que – that, than, what

O seu chefe disse **que** aprovou o relatório.
Your boss said **that** he aproved the report.

6- ser – to be

Lucas **é** um psiquiatra excelente.
Lucas **is** an awesome psychiatrist.

7- um – a, one

Aquele casal terá **um** bebê.
That couple will have **a** baby.

8- por – by, through, for

Você leu o e-mail enviado **por** sua família?
Did you read the e-mail sent **by** your family?

9- para – to, for, in order to

Eu tenho pouco dinheiro agora. Você teria algum **para** me emprestar?
I'm short on money now. Do you have some **to** lend me?

10- a – to, at

Fomos **a** Brasília ver o Congresso Nacional.
We went **to** Brasilia to see the National Congress.

11- não – no, not

Infelizmente eu **não** posso fazer isso agora.
Unfortunately I can **not** do this now.

12- com – with

Ele saiu **com** seus amigos e elas saíram **com** suas primas.
He went out **with** his friends and they went out **with** their cousins.

13- ter – to have

A cidade de São Vicente, no litoral de São Paulo, que no século 16 **tinha** treze engenhos de açúcar.
The city of São Vicente, on the coast of São Paulo, which in the 16th century **had** thirteen sugar mills.

14- se – reflexive pronoun

O corrupto não **se** vê como corrupto, contudo é identificado como corrupto.
The corrupt does not see **himself** as corrupt, yet he is identified as corrupt.

15- o – it, him, her, them, you

Ela sempre amou João e **o** fazia feliz.
She always loved John and made **him** happy.

16- seu – his, her(s), their(s), your(s)

Fernanda estava triste, pois **seu** carro foi levado.
Fernanda was sad because **her** car was taken.

17- como – how, like, as

Como que a gente vai fazer isto?
How are we going to do that?

18- estar – to be (change from noum)

Nós **estamos** estudando portugués.
We **are** studing Portuguese.

19- mais – more, most

A Floresta Amazônica tem **mais** de 30 mil espécies de plantas.
The Amazon Rainforest has **more** than 30 thousand species of plants.

20- mas – but

Eles alugaram um apartamento pequeno, **mas** ela queria um enorme.
They rented a small apartment, **but** she wanted a huge one.

21- fazer – to do, make

Você poderia me **fazer** um favor?
Could you **do** me a favor?

22- poder – can, be able to

Nós **podemos** ir ao centro da cidade de ônibus, se você quiser.
We **can** go to downtown by bus if you want.

23- este – this

Nós lemos **este** romance muitos anos atrás.
We read **this** novel many years ago.

24- ou – or

Você quer assistir a um filme **ou** ir a um show?
Do you want to watch a movie **or** go to a show?

25- ele – he, it

Toda a cidade olhava o forasteiro; **ele**, todavía, passava vagarosamente por ali.
The whole city was looking at the stranger, and **he** still passed slowly there.

26- esse – that

O que você faria se pudesse mudar **esse** dia?
What would you do if you could change **that** day?

27- outro – other, another

A vida é um contínuo permanente, que se transfere de uma célula a outra e de um indivíduo a **outro**.
Life is a permanent continuum, which is transferred from one cell to another and from one individual to **another**.

28- muito – very, much, many

O redator estava trabalhando **muito** rápido.
The copywriter was working **very** fast.

29- haver – "there is", to have

Há um problema com sua conexão.
There is a problem with your connection.

30- Ir – to go

Ela **foi** à escola pela primeira vez.
She **went** to school for the first time.

31- todo – all, every

Todo dia ela faz tudo sempre igual.
Every day she does everything the same.

32- eu – I

Naquela noite, **eu** tinha voltado do trabalho e descobri que meus vizinhos tinham feito uma festa.
That night, **I** had come back from work and discovered that my neighbors had had a party.

33- já – already, now

Na semana passada, quando o ministro viajou, **já** havia decidido deixar seu cargo.
Last week, when the minister traveled, he had **already** decided to leave his post.

34- dizer – to tell, say

Além de estar errada, ainda insiste em **dizer** mentira?
In addition to being wrong, you still insist on **telling** a lie?

35- ano – year

Para agradar seu pai, estudou bastante o **ano** todo.
To please his father, he studied hard all **year** long.

36- dar – to give

Você poderia me **dar** uma informação?
Could you **give** me an information?

37- também – also, too, as well

Os estudantes de Português **também** querem aprender mais sobre a cultura
brasileira.
Portuguese students **also** want to learn more about Brazilian culture.

38- quando – when

Ela deve saber **quando** vamos voltar da viagem ao Brasil.
She must know **when** we will return from the trip to Brazil.

39- mesmo – same

Fazer tudo ao **mesmo** tempo pode não ser produtivo.
Doing everything at the **same** time may not be productive.

40- ver – to see

Quando eles nos contaram, ficamos com vontade de **ver** a peça.
When they told us, we wanted **to see** the play.

41- até – until, even, up to

Eu e meus amigos nos divertimos **até** com filmes de terror.
My friends and I had fun **even** with horror movies.

42- dois – two

Preciso de uma segunda opinião para escolher entre esses **dois** laptops.
I need a second opinion to choose between these **two** laptops.

43- ainda – still, yet

Seu carro não está pronto **ainda**. Se quiser, pode apanhá-lo amanhã.
Your car is not ready **yet**. If you want, you can pick it up tomorrow.

44- isso – this

Você precisa fazer **isso** da maneira mais simples possível.
You need to do **this** in the simplest way possible.

45- grande – big, great, grand

De acordo com a pesquisa, haveria uma **grande** variedade de animais na região.
According to the survey, there would be a **great** variety of animals in the region.

46 – vez – time, turn

Agora é a minha **vez**.
It is my **turn** now.

47- algum – some

Haverá paz no mundo **algum** dia?
Will there be peace in the world **some**day?

48- ela – she

Ela compra ração para os cachorros nessa loja todas as semanas.
She buys ration for the dogs in this store every week.

49- depois – after

Depois do temporal, foi necessário construir a ponte de novo.
After the storm, it was necessary to build the bridge again.

50- entre – between, among

No futuro, faremos viagens **entre** as estrelas com muita facilidade.
In the future, we will travel **between** the stars very easily.

51- dia – day

O que você faria se só te restasse um **dia**?
What would you do if you only had one **day** left?

52- só – only, just

Há palavras que têm **só** uma sílaba.
There are words that have **only** one syllable.

53- aquele – that (more remote)

Eu li **aquele** livro.
I read **that** book.

54- sobre – about, over, above, upon

Alguém viu um pote de remédio que deixei **sobre** a pia?
Did anyone see a bottle of medicine I left **over** the sink?

55- primeiro – first

Você deve ser o **primeiro** a praticar a educação.
You should be the **first** to practice education.

56- ficar – to stay, be located, get ADJ

Embora eu esteja com frio, prefiro **ficar** aqui.
Although I'm cold, I'd rather **stay** here.

57- dever – must, should, to owe

Os legisladores **devem** elaborar as leis que regulam o Estado.
Lawmakers **must** draft laws that regulate the state.

58- passar – to go through, spend (time)

Os jogadores teriam que **passar** por mais um desafio.
The players would have to **go through** one more challenge.

59- saber – to know (something)

Quem não **sabe** a diferença entre sashimi, e sushi, ou entre
burrito, taco e nacho, precisa de orientação.

Anyone who does not **know** the difference between sashimi and sushi, or between burrito, taco and nacho, needs guidance.

60- assim – like this

Faça o exercício **assim**.
Do the exercise **like this**.

61- querer – to want

Faz parte da nossa natureza: **queremos** ter mais coisas o tempo todo.
It is part of our nature: we **want** to have more things all the time.

62- onde – where

Quando ele chegar, é fundamental que me encontre na sala do diretor, **onde** eu estarei em reunião.
When he arrives, it is critical that he meet me in the principal's office, **where** I will be in a meeting.

63- novo – new

Eu comprei um carro **novo**.
I bought a **new** car.

64- sem – without

Eu não posso viver **sem** você.
I can't live **without** you.

65- vir – to come

No ano passado eles **vieram** aqui todos os dias para jogar futebol.
Last year they **came** here every day to play football.

66- tempo – time, weather

Eu também quero ir lá, mas não tenho **tempo** para viajar.
I also want to go there, but I do not have **time** to travel.

67- bem – well, very

Se as pessoas vivessem mais de duzentos anos, o mundo seria **bem** diferente do que é.
If people lived more than two hundred years, the world would look **very** different than it is.

68- porque – because

Eu faço o trabalho sozinho **porque** ninguém mais faz.
I do the work alone **because** no one else does.

69- meu – my, mine

Meu chefe nunca ouve o que eu digo.
My boss never hears what I say.

70- pessoa – person

O valor do rodízio é 25 reais por **pessoa**.
The value of the caster is 25 reais per **person**.

71- coisa – thing

Não tenho certeza do que seja esta **coisa**.
I'm not sure what this **thing** is.

72- então – then, so

O cérebro, **então**, capaz de possibilitar a emergência da mente, seria o diferencial que nos faz humanos.
The brain, **then**, capable of enabling the emergence of the mind, would be the differential that makes us human.

73- quem – whom, who

Quem lhe contou essa história?
Who told you this story?

74- sempre – always

As línguas nunca se fundem – uma **sempre** predomina e a outra desaparece.

Languages never merge - one **always** prevails and the other disappears.

75- qual – which

Meu documento pessoal, o **qual** estava dentro da maleta, foi roubado.

My personal document, **which** were in the suitcase, was stolen.

76- chegar – to arrive

Antes de **chegar** à loja, ela levou o filho ao colégio.

Before **arriving** in the store, she took her son to school.

77- vida – life

Você também pode editar sua **vida**.

You can also edit your **life**.

78- pouco – a little

Com menos coisas para guardar, você ganha mais liberdade e um **pouco** mais de tempo.

With fewer things to keep, you gain more freedom and a **little** more time.

79- homem – man

Afinal, o **homem** chegou ou não?

After all, has the **man** arrived or not?

80- parte – part

Isso também é **parte** de nossa cultura.

This is also **part** of our culture.

81- tudo – everything, all

Não possuo CDs ou DVDs, salvo **tudo** na nuvem.
I do not have CDs or DVDs, I save **everything** in the cloud.

82- casa – house, home

Duvido que o João fique em **casa** hoje à noite.
I doubt John will stay **home** tonight.

83- agora – now

Infelizmente, eu não posso fazer isso **agora**.
Unfortunately, I cannot do this **now**.

84- lhe – to you, him, her

Carmem desejou-**lhe** boa sorte.
Carmen wished **him** good luck.

85- trabalho – work

Para agradar à empresa, deu o seu melhor **trabalho** o ano todo.
To please the company, he did his best **work** during the year.

86- nosso – our

Eu e meu marido dizemos todos os dias ao **nosso** filho que ele precisa comer. My husband and I tell **our** son every day that he needs to eat.

87- levar – to carry (away), take (with oneself)

Se eu fosse à faculdade, **levaria** os arquivos para a secretaria.
If I went to college, I'd **take** the files to the office.

88- pois – for, because, whereas

A vida humana se perpetua através dos tempos, **pois** os indivíduos se reproduzem e a transferem a seus descendentes.

Human life perpetuates itself through the ages, **for** individuals reproduce and transfer it to their descendants.

89- deixar – to leave, allow

Vou **deixar** o carro na oficina antes de viajar.
I'll **leave** the car in the garage before I travel.

90- bom – good

Felipe é um **bom** estudante.
Felipe is a **good** student.

91- começar – to begin, start

Se sua casa tiver andar superior, **comece** pela parte de cima e depois limpe a de baixo.
If your home has a top floor, **start** at the top and then clean the bottom one.

92- próprio – own, very own

Ela fundou seu **próprio** escritório.
She founded her **own** office.

93- maior – greater, larger

A necessidade dela era **maior** que a sua.
Her need was **greater** than yours.

94- caso – case

No **caso** do Brasil, temos a Lei de Responsabilidade Fiscal.
In the **case** of Brazil, we have the Fiscal Responsibility Law.

95- falar – to speak, talk

Falei com meu chefe sobre a solicitação de folga para as férias no próximo mês.

I **talked** to my boss about requesting time off for our vacation next month.

96- país – country

Ainda que o **país** seja o terceiro produtor mundial, o consumo de frutas no Brasil é baixo.
Although the **country** is the third world producer, the fruit consumption in Brazil is low.

97- forma – form, way

Isso ocorre em razão da **forma** de estado adotada pelo Brasil: o federalismo.
This is due to the **form** of state adopted by Brazil: federalism.

98- cada – each, every

A vida é uma questão de escolhas, e **cada** escolha que você faz te faz.
Life is a matter of choices, and **each** choice you make makes you.

99- hoje – today

Não adie o problema de **hoje**.
Do not postpone **today**'s problem.

100- nem – (n)either, not, nor

Não sou a favor **nem** de um nem de outro extremo.
I am not in favor of **either** of these extremes.

101- três – three

Somos **três** irmãos.
We are **three** siblings.

102- se – if

Nós venderíamos nossa casa **se** fossemos mudar de país.
We would sell our house **if** we were to move to another country.

103- encontrar – to find, meet

Não conseguem **encontrar** uma secretária que fale swahili.
They cannot **find** a secretary who speaks Swahili.

104- meio – means, way, half-, middle

Essa era a sua **forma** de lidar com a perda.
That was his **way** of dealing with loss.

105- aqui – here

Quase sempre visto uma blusa ou um casaco mais quente, porque sempre faz frio **aqui**.
I almost always wear a sweater or a warmer jacket, because it's always cold **here**.

106- mundo – world

Se o **mundo** fosse acabar, me diz, o que você faria?
If the **world** were to end, tell me, what would you do?

107- apenas – only, just

Apenas eu fiquei em casa naquele dia.
Only I stayed home that day.

108- estado – state, condition

A **condição** física do atleta é excelente.
The athlete's physical **condition** is excellent.

109- segundo – second, according to

Segundo o depoimento do réu, as pessoas que procuraram o acusado naquela noite não eram conhecidas na cidade.

According to the defendant's testimony, the people who sought the accused that night were not known in the city.

110- qualquer – any

Você deve pensar bem antes de tomar **qualquer** decisão.
You should think hard before making **any** decision.

111- cidade – city

Estácio de Sá foi o fundador da **cidade** do Rio de Janeiro em 1565.
Estácio de Sá was the founder of the **city** of Rio de Janeiro in 1565.

112- menos – less, fewer

Se você e seu irmão brigassem **menos**, vocês poderiam viajar juntos.
If you and your brother quarrel **less**, you could travel together.

113- Governo – government

Em 1548, a Coroa portuguesa instituiu o **governo** geral, para melhor controlar a administração da colônia.
In 1548, the Portuguese Crown instituted the general **government**, to better control the administration of the colony.

114- a partir – starting at

As células precursoras dos neurônios atravessam uma fase de acelerada proliferação **a partir** da terceira semana de gestação.
The precursor cells of the neurons go through a phase of accelerated proliferation **starting at** the third week of gestation.

115- conseguir – to succeed in, be able to

Parece que a única coisa que eu **consegui** fazer foi te chatear.
It seems I've only **succeeded in** upsetting you.

116- tanto – so much, enough

Tenho **tanto** trabalho que não poderei dormir até quinta-feira.
I have **so much** work that I won't be able to sleep until Thursday.

117- lado – side

Eu sempre estarei ao seu **lado**.
I will always be by your **side**.

118- chamar – to call

Eu vou **chamar** os bombeiros, porque estou vendo uma fumaça na casa do vizinho.
I'm going **to call** the fire department because I see a smoke in the neighbor's house.

119- melhor – better, best

Se nós tivéssemos escolhido **melhor** nosso roteiro de viagem, daria tempo de conhecer mais pontos turísticos.
If we had chosen our travel itinerary **better**, there would be time to get to know more sights.

120- pensar – to think

A professora deu dicas para aprender a **pensar** em português.
The teacher gave us tips for learning to **think** in Portuguese

121- nome – name

Qual é o seu **nome**?
What is your **name**?

122- isto – this

Estou falando sobre **isto**, não daquilo.
I'm talking about **this**, not that.

123- certo – certain, right, sure

Qual é a resposta **certa** para esta questão?
What's the **right** answer to this question?

124- mulher – woman, wife

Ela foi a primeira **mulher** que se tornou presidente.
She was the first **woman** to become President.

125- conhecer – to know (person, place, etc.)

Eu preciso **conhecer** você antes de começarmos um negócio juntos.
I need to get **to know** you before we start a business together.

126- exemplo – example

A mudança do tempo de hoje é um **exemplo** do clima da costa.
Today's changing weather is an **example** of coastal climate.

127- existir – to exist

Esta espécie **existe** principalmente na Amazônia.
This species **exists** mainly in the Amazon.

128- antes – before

Já estiveste aqui **antes**?
Have you been here **before**?

129- tal – such

Tais eram nossas descobertas.
Such were our findings.

130- você – you

Você devia comer as vagens.
You should eat your green beans.

131- lá – there, over there

O bolo está **lá**.
The cake is over **there**.

132- durante – during, for (time)

Estaremos ausentes **durante** as férias.
We will be absent **during** the holidays.

133- terra – land, earth

Colombo velejou por mais de dois meses antes de ver **terra**.
Columbus sailed for over two months before seeing **land**.

134- último – last

Você precisa mesmo ganhar esta **última** corrida.
You really need to win this **last** race.

135- desde – since

Ela tem um emprego **desde** 1999.
She has had a job **since** 1999.

136- contra – against

Meu time vai jogar **contra** os campeões nacionais.
My team is playing **against** the national champions.

137- lá – there

Maria foi para Paris e **lá** permaneceu.
Mary went to Paris and stayed **there**.

138- parecer – to seem

Parece ser verdade que eles estão de férias.
It **seems** to be true that they are on vacation.

139- pequeno – small

Ele usa uma colher **pequena** para mexer o café.
He uses a **small** spoon to stir the coffee.

140- quanto – how much

Não importa **quanto** esforço você coloque no trabalho, é o resultado que conta!
It's not important **how much** effort you put into the job, it's results that count!

141- nada – nothing

Não, não tenho **nada** em meus bolsos.
No, I have **nothing** in my pockets.

142- português – Portuguese

A professora de **português** passou uma pesquisa sobre os estados brasileiros.
The **Portuguese** teacher passed a research on the Brazilian states.

143- filho – son, children

Filho, é melhor você prestar atenção nas suas maneiras.
Son, you'd better watch your manners!

144- transformar – to become, turn into

A lagarta **transformou-se** em mariposa.
The caterpillar **became** a moth.

145- água – water

Garçom, podia trazer três garrafas d'**água**, por favor?
Waiter, can you bring us three bottles of **water**, please?

146- direito – right, law

Você não tem o **direito** de fazer isso.
You have no **right** to do it.

147- público – public

Está havendo uma reunião **pública**.
A **public** meeting is being held.

148- entrar – to come in, to enter

Ele decidiu **entrar** no concurso para ver se podia vencer.
He decided **to enter** the contest to see if he could win.

149- problema – problem

Eu tenho uma série de **problemas** de matemática para fazer como lição de casa.
I have a series of math **problems** to do for homework.

150- viver – to live

Diego **vive** no segundo andar.
Diego **lives** on the second floor.

151- além – beyond, in addition to

Nuvens estavam visíveis **além** das montanhas.
Clouds were visible **beyond** the mountains.

152- pôr – to put, place

Ele **pôs** seu copo na borda da mesa.
He **put** his glass on the edge of the table.

153- história – story, history

Gosto de ler sobre a **história** romana.
I enjoy reading about Roman **history**.

154- grupo – group

Tenho um **grupo** de amigos que vai a bares o tempo todo.
I have one **group** of friends who go out to bars all the time.

155- hora – hour

Leva duas **horas** e meia para dirigir até lá.
It takes two and a half **hours** to drive there.

156- sair – to leave

Eu vou **sair** desta cidade às três horas.
I'm going **to leave** this town at three o'clock today.

157- acabar – to finish, end up

Ele vai **acabar** a tradução em 30 minutos.
He will **finish** the translation in 30 minutes.

158- continuar – continue

Ela **continuou** o seu trabalho sem parar para o almoço.
She **continued** her work without stopping for lunch.

159- tão – so, as

Aquele moço é **tão** bonito!
That guy is **so** good looking!

160- nunca – never

Nunca estive na China.
I have **never** been to China.

161- dentro – within, in, inside

Eu fico do lado de **dentro** quando está frio lá fora.
I stay **inside** when it is cold outside.

162- voltar – to return

Ele vai **voltar** logo.
He will **return** soon.

163- tomar – to take, drink

Eu me recuso a **tomar** ese remédio.
I refuse **to take** this medicine.

164- obra – work, project

Os vasos são **obras** notáveis na arte chinesa.
Pots are notable **works** of Chinese art.

165- fato – fact

É um **fato** que os golfinhos são mamíferos.
It is a **fact** that dolphins are mammals.

166- ponto – point, dot, period

Ben colocou uma linha de **pontos** na fronteira no mapa.
Ben put a line of **dots** along the boundary on the map.

167- trabalhar – to work

O banco possibilita **trabalho** para muitas pessoas.
The bank provides **work** for many people.

168- fim – purpose, end

A história chamou minha atenção do começo ao **fim**.
The story gripped me from the opening line right to the **end**.

169- quase – almost

Ele estava **quase** em casa, quando o carro quebrou.
He was **almost** home when the car broke down.

170- pai – father, parents

Meu **pai** faz cinquenta anos hoje.
My **father** turned fifty years old today.

171- apresentar – to introduce, to present

É um grande prazer **apresentar** minha noiva a você.
It gives me great pleasure **to introduce** my fiance to you.

172- relação – ralation(ship)

Qual é a **relação** dela com você? É sua prima?
What is her **relationship** to you? Is she a cousin?

173- criar – to criate

Minha mãe **cria** arte.
My mother **creates** art.

174- considerar – to considerate

Considere ser respeitoso com as pessoas mais velhas.
Consider being respectful to older people.

175- momento – moment

Onde você estava no **momento** em que ouviu que haviam atirado em Kennedy?
Where were you at the **moment** that you heard that Kennedy had been shot?

176- receber – receive

Sim, **recebi** o pacote ontem.
Yes, I **received** the package yesterday.

177- ideia – idea

Nossa conversa me deu uma **ideia**.
Our conversation gave me an **idea**.

178- política – politics

E ele quer estar na **política**.
And he wants to be in **politics**.

179- vários – various, many

Houve **várias** reações: da negação à raiva.
There were **various** responses - everything from denial to anger.

180- lugar – place

Este parque é um dos meus **lugares** favoritos.
This park is one of my favourite **places**.

181- sentir – to feel

Ele **sentiu** a mão dela no seu ombro.
He **felt** her hand on his shoulder.

182- livro – book

Estou lendo um **livro** muito bom. Ela tem muitos **livros** nas prateleiras.
I'm reading a very good **book**. She has many **books** in her shelves.

183- nós – we, us

Nós vamos ao cinema.
We are going to the cinema.

184- mês – month

Em que **mês** você saiu de férias? Foi em fevereiro?
Which **month** did you go on holiday? Was it in February?

185- alto – tall, high, top

Aquele muro é **alto**.
That wall is **high**.

186- força – force, power, strength

Este elevador tem muita **força** e pode erguer um caminhão pesado.
This lift has a lot of **force** and can lift a heavy truck.

187- acontecer – to happen, to occur

Muitas coisas **aconteceram** desde o ano passado.
A lot of things have **happened** since last year.

188- família – family

Ela cresceu numa **família** feliz.
She grew up in a happy **family**.

189- tipo – type, kind

Este **tipo** de comida é o meu favorito.
This **type** of food is my favourite.

190- presidente – president

O **presidente** assistiu a uma reunião de cúpula com outros chefes de estado.
The **president** attended a summit meeting with other heads of state.

191- mil – thousand

Três **mil** vieram ao concerto.
Three **thousand** came to the concert.

192- tratar – to treat, to deal with

Ele a **trata** mal.
He **treats** her badly.

193- enquanto – while

Ela escreveu um e-mail **enquanto** via televisão.
She wrote an email **while** watching TV.

194- perder – to lose

Ele **perdeu** as chaves.
He **lost** his keys.

195- achar – to find, think, suppose

Achamos uma chave no chão.
We **found** a key on the ground.

196- escrever – to write

George já consegue **escrever** o nome dele.
George can **write** his name already.

197- quatro – four

Naquela noite, ela bebeu **quatro** cervejas.
She drank **four** beers that night.

198- usar – to use

Ele **usa** ferramentas variadas para fazer móveis.
He **uses** various tools to build furniture.

199- único – only, unique

É uma situação **única**. Nunca vimos nada igual.
It is a **unique** situation. We have never seen anything like it.

200- nenhum – none, not a single one

Nenhuma das maçãs está madura.
None of these apples is ripe.

201- contar – tell, count

As crianças estão aprendendo a **contar**.
The children are learning to **count**.

202- real – real, royal, Brazilian currency

Ela não vive no mundo **real**.
She doesn't live in the **real** world.

203- palavra – word

Esta frase tem cinco **palavras**.
This sentence has five **words**.

204- embora – although, even though

Eu a vejo toda hora, **embora** nunca fale com ela.
I see her all the time, **although** I never speak to her.

205- diferente – different

Ele e o seu irmão são muito **diferentes**.
He and his brother are very **different**.

206- possível – possible

É **possível** que chova hoje.
It is **possible** that it will rain today.

207- importante – important

Ele tomou uma decisão **importante**.
He made an **important** decision.

208- mostrar – to show

Ele **mostrou** sua coleção de cartões postais aos visitantes.
He **showed** his collection of postcards to his visitors.

209- social – social

Estas atividades **sociais** me chateiam.
These **social** activities bore me.

210- ali – there

Ele estava **ali** no bar.
He was **there** at the bar.

211- claro – clear, light

A mensagem da nova lei é **clara**.
The message of the new law is **clear**.

212- mão – hand

Ele pôs as **mãos** nos bolsos.
He put his **hands** in his pockets.

213- logo – soon, quickly, as soon as

Ele chegará logo. Apronte-se.
He will be arriving soon. Get ready.

214- rio – river

Um **rio** passa pela cidade.
A **river** flows through town.

215- seguir – to follow

Ele **seguiu** a mulher para dentro de casa.
He **followed** his wife into the house.

216- situação – situation

Você pode me dizer a **situação**? Quantas pessoas havia?
Can you tell me the **situation**? How many people were there?

217- questão – question, issue, point

Eu tenho uma **questão** sobre o procedimento.
I have a **question** about the procedure.

218- procurar – to seek, look for

O detetive está **procurando** algumas pistas do crime.
The detective is **seeking** some clues to the crime.

219- campo – field

Ela viu um **campo** cheio de milho.
She saw a **field** full of corn.

220- através – by way of, through

A bala passou **através** do corpo dele.
The bullet went **through** his body.

221- brasileiro – Brazilian

Todos os **brasileiros** que conheço são loucos por futebol.
All the **Brazilians** I know are mad about football.

222- tentar – to try, to attempt

Você já **tentou** pular de bungee jumping?
Have you ever **tried** bungee jumping?

223- serviço – service

O **serviço** na loja é excelente. Eles realmente sabem o que estão fazendo.
The **service** at the store is excellent. They really know what they are doing.

224- lei – law

Você deve sempre seguir a **lei**.
You should always follow the **law**.

225- criança – child

Uma **criança** precisa de amor.
A **child** needs love.

226- próximo – next, near, close

Nós vamos pegar o **próximo** voo.
We're going to take the **next** plane.

227- nacional – national

Beto chegou à seleção **nacional** de futebol.
Beto made it to the **national** soccer team.

228- trazer – to bring

Você pode **trazer** aquela cadeira até aquí?
Can you **bring** that chair over here?

229- geral – general

O sentimento **geral** é que ele cometeu um grande erro.
The **general** feeling is that he made a big mistake.

230- frente – front

Há um arranhão na parte da **frente** da TV?
Is there a scratch on the **front** of the TV?

231- aparecer – to appear

Por fim, eles **apareceram** na extremidade da praia.
At last, they **appeared** at the far end of the beach.

232- manter – to maintain

Ele **mantém** um ritmo de 40 páginas por hora.
He **maintains** a rate of 40 pages per hour.

233- colocar – to place, to put

Ele **colocou** o livro na estante.
He **placed** the book on the shelf.

234- conta – account, bill

Ele retirou metade do dinheiro de sua **conta**.
He withdrew half the money from his **account**.

235- pedir – to ask, to request

A moradora de rua me **pediu** dinheiro.
The homeless woman **asked** me for money.

236- cinco – five

Já são **cinco** horas? Eu devo ir logo para casa.
It's **five** already? I should go home soon.

237- escola – school

Aprendi espanhol na **escola** por dois anos.
I took two years of Spanish in **school**.

238- verdade – truth

Aqueles artigos são todos mentirosos. Leia este aqui. Ele diz a **verdade**.
Those articles are all lies. Read this one. It tells the **truth**.

239- corpo – body

Marina cuida do seu **corpo**, fazendo exercícios.
Marina takes care of her **body** by doing exercise.

240- morrer – to die

O marido da Lucia **morreu** ontem.
Lucia's husband **died** yesterday.

241- guerra – war

Muita gente no país se opunha à **guerra**.
The **war** was opposed by many people in the country.

242- música – music

Está escutando a **música**? Não é adorável?
Can you hear the **music**? Isn't it lovely?

243- região – region

A chuva nesta **região** pode causar alagamentos.
The rain in this **region** can cause floods.

244- baixo – low, short

Esta sala tem teto **baixo**.
This room has **low** ceilings.

245- professor – teacher, profesor

Lara está fazendo um doutorado para poder se tornar **professora**.
Lara is doing a doctorate so that he can become a **profesor**.

246- longo – long

Aquele filme era **longo** demais.
That film was too **long**.

247- ação – action

Ele pulou da cadeira e partiu para a **ação**.
He got off his chair and jumped into **action**.

248- entender – to understand

Eu não **entendo** inteiramente as leis de trânsito, por isso não
posso aconselhá-lo.
I don't fully **understand** the traffic laws, so I can't advise you.

249- movimento – movement

Ele notou certo **movimento** nos arbustos.
He noticed some **movement** in the bushes.

250- branco – white

Você tem esse vestido em **branco** ou preto?
Do you have this dress in **white** or black?

251- processo – process

O **processo** de fabricação de cadeiras é muito complicado.
The chair-manufacturing **process** is quite complex.

252- ganhar – to win, earn, gain

Os cidadãos **ganharam** o direito de mandar os filhos para uma escola diferente.
The citizens **gained** the right to send their kids to a different school.

253- arte – art

Rafael nasceu com talento para **arte**.
Rafael was born with a talent for **art**.

254- papel – paper, role

Sim, há bastante **papel** na copiadora.
Yes, there is plenty of **paper** in the photocopy machine.

255- sim – yes

Quer casar comigo? **Sim**!
Will you marry me? **Yes**!

256- esperar – to wait, to hope, to expect

Vamos **esperar** o escritório abrir.
We are going **to wait** for the office to open.

257- fundo – bottom, rear, fund

Ele achou o brinquedo no **fundo** da caixa.
He found the toy at the **bottom** of the box.

258 – senhor – lord, sir, mister

Posso ajudá-lo, **senhor**?
How can I help you, **sir**?

259- número – number

Qual **número** é aquele? Um ou sete?
What **number** is that? A one or a seven?

260- definir – to define

Ela esforçou-se para **definir** a palavra para sua amiga.
She struggled **to define** the word for her friend.

261- tarde – late, afternoon

À **tarde** vou à loja porque estarei muito ocupada pela manhã.
I'm going to the store this **afternoon** because I'll be too busy in the morning.

262- abrir – to open

Ela **abriu** a porta e saiu de casa.
She **opened** the door and walked out of the house.

263- sociedade – society

Em nossa **sociedade**, é falta de educação não agradecer a seus anfitriões.
In our **society** it is impolite to not thank your hosts.

264- povo – people

Eu convoco o **povo** desta cidade a votar contra a medida!
I call on the **people** of this town to vote against the measure!

265- forte – strong, stronghold

Marcos é um homem **forte**.
Marcos is a **strong** man.

266- cabeça – head

O pescoço liga a **cabeça** ao corpo.
The neck connects the **head** to the body.

267- altura – height

Você sabe qual é a **altura** da Torre Eiffel?
Do you know the **height** of the Eiffel Tower?

268- volta – return

Precisamos preparar-nos para sua **volta**.
We must prepare for his **return**.

269- condição – condition

Esta casa está numa **condição** terrível. Precisa de muito trabalho.
This house is in a terrible **condition**. It needs a lot of work.

270- apesar – despite, even though

Eu a vejo toda hora, **apesar** de nunca falar com ela.
I see her all the time **despite** I never speak to her.

271- valor – value, worth

Estamos avaliando o **valor** deste item.
We're assessing the **value** of this item.

272- mãe – mother

Eu amo minha **mãe** de todo o coração.
I love my **mother** with all my heart.

273- servir – to serve

Os garçons **serviram** rosbife e purê de batatas para os convidados.
The waiters **served** roast beef and mashed potatoes to the guests.

274- pagar – to pay

Eu não tenho dinheiro. Você pode **pagar**?
I have no money. Can you **pay**?

275- causa – cause

Uma faísca foi a **causa** da explosão.
A spark was the **cause** of the explosion.

276- antigo – ancient, old, former

A igreja **antiga** está em estado de abandono.
The **ancient** church is in na abandoned state.

277- maneira – way, manner

Esse é a **maneira** de se fazer isso.
This is the **way** to do it.

278- humano – human

Os **humanos** têm povoado a Terra há milhares de anos.
Humans have populated the earth for thousands of years.

279- sentido – sense, meaning, feeling

Os cães têm o **sentido** do olfato apurado.
Dogs have a keen **sense** of smell.

280- permitir – to permit, allow

Não **permitirei** este tipo de linguajar em minha casa!
I will not **permit** that kind of language in my house!

281- deus – God

Os antigos romanos acreditavam em vários **deuses**.
The ancient Romans believed in many **gods**.

282- modo – manner, way, style

Há mais de um **modo** de se fazer uma xícara de chá.
There is more than one **way** to make a cup of tea.

283- gente – people

Havia muita **gente** na praia.
There were lots of **people** at the beach.

284- imagem – image

Esta estátua era uma **imagem** de Maria no nascimento de Jesus.
The statue was an **image** of Mary at Jesus' birth.

285- época – time period, epoch

Os anos 1800 foram a **época** da expansão da ferrovia.
The 1800s were the **epoch** of railroad expansion.

286- noite – night

Em dezembro, muitas pessoas acordam para ir para a escola
quando ainda é **noite**.
In December, many people get up for school while it is still **night**.

287- velho – old

Você pode pegar a câmera emprestada, mas ela é bem **velha**.
You can borrow my camera, but it's rather **old**.

288- cair – to fall

Eu **caí** da escada ontem.
I **fell** from a ladder yesterday.

289- aquilo – that (more remote)

-Você gosta **daquilo**? -Não foi isso que eu quis dizer.
-Do you like **that**? -That's not what I meant.

290- projeto – project

Tenho poucos **projetos** nos quais estou trabalhando no escritório.
I have a few **projects** that I am working on in the office.

291- final – ending, end, final

O jogo terminou quando deram o apito **final**.
The game ended when the **final** whistle blew.

292- acreditar – to belive

Acredito que Deus existe.
I **believe** God exists.

293- jornal – newspaper

O **jornal** da manhã está atrasado.
The morning **newspaper** is late.

294- razão – reason

Qual é a **razão** pela qual você não foi à escola ontem?
What is the **reason** for missing school yesterday?

295- espécie – type, species, kind

Que **espécie** de animal é essa? Uma ave ou um mamífero?
What **kind** of animal is it? A bird or a mammal?

296- junto – together

Fomos **juntos** ao teatro.
We went to the theatre **together**.

297- necessitar – need

Essas são as medidas exatas que você **necessita**.
These are the precise measurements you **need**.

298- século – century

Alguns dizem que a Revolução Industrial se iniciou no **século** XVIII.
Some say the Industrial Revolution began in the eighteenth **century**.

299- precisar – to need

Eu **preciso** ajudar meus pais a se mudarem.
I **need** to help my parents move.

300- ler – to read

Leio os jornais todos os dias.
I **read** the newspaper every day.

301- dinheiro – money

Eu não tenho muito **dinheiro**. Apenas três dólares. Preciso ir ao banco.
I don't have much **money**. Just three dollars. I need to go to the bank.

302- talvez – maybe

Talvez você queira falar com o seu chefe sobre isso.
Maybe you want to talk to the boss about this.

303- plano – plan, flat, smooth

Um **plano** de cinco anos foi formulado para revitalizar a economia.
A five-year **plan** was formulated to revitalize the economy.

304- nascer – to be born

Jane **nasceu** em março.
Jane **was born** in March.

305- centro – center, downtown

O garoto ficou em pé no **centro** do círculo.
The boy stood in the **center** of the circle.

306- partido – (political) party

Partido Liberal é um nome para partidos políticos em todo o mundo.
Liberal **Party** is a name for political parties around the world.

307- descobrir – to discover

Os meninos **descobriram** um baú do tesouro na ilha.
The boys **discovered** a treasure chest on the island.

308- ouvir – to hear

Ele **ouviu** um barulho na cozinha e foi ver o que era.
He **heard** a crash in the kitchen and went to see what had happened.

309- ligar – to connect, turn on

Eles **ligaram** os dois vagões ferroviários.
They **connected** the two train carriages together.

310- interesse – interest

Algumas pessoas têm **interesse** em outras culturas, enquanto outras não têm.
Some people have an **interest** in other cultures while others do not.

311- amigo – friend

Somos **amigos** no Facebook.
We're **friends** on Facebook

312- seguinte – following

O programa **seguinte** é trazido até você pelo nosso patrocinador.
The **following** programme is brought to you by our sponsor.

313- termo – term

A maioria dos **termos** utilizados em biologia e medicina são derivados do latim ou grego.
Most **terms** used in biology and medicine are derived from Latin or Greek.

314- mudar – to change

Ana quer **mudar** o acordo.
Anna wants **to change** the agreement.

315- linha – line

Ele desenhou uma **linha** curva no papel para mostrar a forma.
He drew a curved **line** on the paper to show the shape.

316- medida – measure

Eles usam libras como **medida** nos EUA.
They use pounds as a **measure** in the USA.

317- teatro – theater

Há dois **teatros** vazios em minha cidade.
There are two **theaters** standing empty in my hometown.

318- espaço – space, room

Você não pode comprar aquele sofá. Não temos **espaço** para ele.
You can't buy that sofa. We have no **room** for it.

319- animal – animal

Os gatos são uns dos poucos **animais** domésticos.
Cats are one of the few domesticated **animals**.

320- santo – saint, holy

Ele tem paciência de um **santo** com aquelas crianças.
He has the patience of a **saint** with those kids.

321- acordo – agreement

As duas partes fizeram um **acordo**.
The two sides made an **agreement**.

322- olhar – to look (at)

Daniel **olhou** para seu pai com um olhar fixo.
Daniel **looked** at his father with a steady gaze.

323- necessário – necessary

É **necessário** que preenchas esta ficha primeiro.
It is **necessary** that you fill in this form first.

324- jovem – young (person)

Ele ainda é muito **jovem** e tem muito a aprender.
He is still **young** and has a lot to learn.

325- futuro – future

Eu farei isso no **futuro**.
I will do that in the **future**.

326- local – place, location

A farmácia tinha mudado para um novo **local**.
The drug store had moved to a new **place**.

327- falta – lack

Há uma **falta** severa de mecânicos qualificados nesta cidade.
There is a severe **lack** of skilled mechanics in this town.

328- morte – death

Sua **morte** foi súbita.
His **death** was sudden.

329- político – political, politician

Políticos afirmam ter a solução para tudo.
Politicians claim to have a solution for everything.

330- banco – bank, bench

Preciso ir ao **banco** hoje para sacar dinheiro.
I need to go to the **bank** to withdraw money today.

331- posição – position

De sua **posição** na escada, Henrique podia ver longe.
From his **position** on the ladder, Henry could see far.

332- rua – street

Esta **rua** tem quatro faixas.
This **street** has four lanes.

333- difícil – difficult

É **difícil** equilibrar uma bola na cabeça.
It is **difficult** to balance a ball on your head.

334- mercado – market

O **mercado** de casas novas está forte.
The **market** for new houses is strong.

335- resolver – to solve, decide

Ela **resolveu** a equação, primeiro por x e depois por y.
She **solved** the equation first for x and then for y.

336- caminho – path, way

O **caminho** para o sucesso tem muitos buracos.
The **path** to success has many potholes.

337- jogo – game

Fazemos vários **jogos** depois das aulas.
We play various **games** after school.

338- estudar – to study

Quero **estudar** Direito.
I want to **study** law.

339- igreja – church

Há três **igrejas** localizadas a alguns quarteirões daqui.
There are three **churches** located within a few blocks of here.

340- formar – to create, form, graduate

Após cinco anos, ele se **formou** na universidade.
He **graduated** from the university after five years.

341- surgir – to appear, to arise, to emerge

Por fim, eles **apareceram** na extremidade da praia.
At last, they **appeared** at the far end of the beach.

342- lembrar – to remember, to remind

Tente **lembrar** exatamente o que aconteceu.
Try to **remember** exactly what happened.

343- representar – to represent

A pintura abstrata **representa** o pensamento do artista sobre a maternidade.

The abstract painting **represents** the artist's concept of motherhood.

344- negócio – business, deal, thing

Paulo tem um **negócio** como sapateiro.

Paul is in **business** as a shoemaker.

345- via – way, road

Moro numa rua que se chama **Via** Artren.

The street I live on is called Artren **Way**.

346 - semana – week

Haverá sol todos os dias desta **semana**.

It will be sunny every day this **week**.

347- luz – light

Essas plantas em particular crescem melhor na **luz** do que na escuridão.

These particular plants grow better in the **light** than in the dark.

348- contrário – contrary, opposite, enemy

Os dois homens sempre parecem ter opiniões **contrárias**.

The two men always seem to have **contrary** opinions.

349- bastante – a lot, enough

Temos **bastante** dinheiro para esta refeição?

Do we have **enough** money for this meal?

350- pessoal – personal, personnel

Você precisará dar seu endereço e outros dados **pessoais**.
You will need to give your address, and other **personal** data.

351- realidade – reality, real life

A **realidade** é que fumar mata.
The **reality** is that smoking kills.

352- explicar – explain

Dê-me um minuto e eu vou **explicar**.
Just give me a minute and I'll **explain**.

353- mal – poorly, hardly

Eu não gosto de comer carne **mal** passada.
I don't like to eat **poorly** cooked meat.

354- militar – military, soldier

Para fazer tudo, ela planeja seu dia com precisão **militar**.
In order to get everything done, she plans her day with **military** precision.

355- seis – six

Saio do trabalho às **seis**.
I get off work at **six**.

356- empresa – company, firm, business

Carlos trabalha para uma grande **empresa**.
Carlos works for a large **company**.

357- pé – foot

Ele chuta melhor com o **pé** direito.
He kicks best with his right **foot**.

358- perceber – to understand, perceive

Jane **percebeu** a falta de vontade de Marcos para mudar de ideia.
Jane **perceived** Marcos's unwillingness to change his mind.

359- ajudar – to help

Eu poderia fazer as tarefas domésticas muito mais depressa se você me **ajudasse**.
I could do the housework much more quickly if you **helped** me.

360- ordem – order

A **ordem** do general era para atacar imediatamente.
The general's **order** was to attack immediately.

361- defender – to defend

Quem **defendeu** o forte quando a tropa partiu?
Who **defended** the fort when the troops left?

362- ocorrer – to occur

Este problema só **ocorreu** uma vez.
This problem has only **occurred** once.

363- principal – principal, main

A razão **principal** de estarmos aqui hoje é para discutirmos o problema de terça-feira.
The **main** reason we are here today is to discuss Tuesday's problem.

364- assunto – subject, topic

Qual é o **assunto** daquele livro?
What is the **subject** of that book?

365- passo – step

O próximo **passo** de tango é difícil, então preste atenção.
This next tango **step** is difficult, so pay attention.

366- portanto – therefore

Penso, **portanto** existo.
I think, **therefore** I am.

367- atividade – activity

As **atividades** ilegais da firma trouxeram-lhe problemas com a polícia.
The company's illegal **activities** got it in trouble with the police.

368- aceitar – to accept

Ele **aceitou** o convite para a festa.
He **accepted** the invitation to the party.

369- direção – direction

Que **direção** é aquela? Norte ou sul?
Which **direction** is that? North or south?

370- necessidade – necessity

O tribunal militar julgou a **necessidade** das ações do soldado.
The military tribunal judged the **necessity** of the soldier's actions.

371- dez – ten

Dez é o número que vem após o nove e antes do onze.
Ten is the number that comes after nine and before eleven.

372- ministro – minister

Ministros das Relações Exteriores de mais de cinquenta países participaram da cúpula sobre o aquecimento global.

Foreign **ministers** from over fifty countries attended the summit on global warming.

373- qualidade – quality

Este terno é de alta qualidade.
This is a suit of high quality.

374- realizar – to fulfill, make happen

Você ainda tem um grande destino para **realizar** nesta vida.
You have a great fate to **fulfill** in this life yet.

375- função – function

Uma ferramenta deveria ser usada apenas para sua devida **função**.
A tool should only be used for its intended **function**.

376- olho – eye

Ela possuía lindos **olhos** verdes.
She had beautiful green **eyes**.

377- respeito – respect

Trabalhamos duro para ganhar o **respeito** dos colegas de trabalho.
We worked hard to gain the **respect** of our coworkers.

378- tirar – to take out, remove

Ela **tirou** a panela do forno.
She **removed** the pan from the oven.

379- cima – top (por/em cima = on top)

A água estava pingando do andar de **cima**.
Water was leaking from the **top** floor.

380- mar – sea

O Mediterrâneo é um **mar**, não um oceano.
The Mediterranean is a **sea**, not an ocean.

381- natural – natural

Este pão é feito só com ingredientes **naturais**.
This bread is made of only **natural** ingredients.

382- costa – coast, back (anatomy)

Há boas praias na **costa**.
There are fine beaches on the **coast**.

383- peça – piece, spare part, play

A criança montou as **peças** do trem em miniatura.
The child assembled the **pieces** of the model train.

384- área – area

Havia uma quadra de tênis numa **área** do gramado atrás da casa.
There was a tennis court in an **area** of the lawn behind the house.

385- lançar – to throw, send out

Apressou-se e **lançou** a bola para o amigo.
He hurried and **throw** the ball to his friend!

386- preço – price

O **preço** daquele livro é muito alto.
That book's **price** is too high.

387- correr – to run

Quão rápido você consegue **correr**?
How fast can you **run**?

388- experiência – experience

Nossa **experiência** diz que as pessoas não nos pagam a menos que lhes mandemos lembretes.
Our **experience** has been that people don't pay unless we send them reminders.

389- norte – north

Os patos sempre voam para o **norte** na primavera.
The ducks always fly **north** in the spring.

390- princípio – principle, start, beginning

Uma boa noção de gramática é apenas um dos **princípios** da boa redação.
Good grammar is just one **principle** of good writing.

391- autor – author

Quando eu crescer, quero ser um **autor**.
When I grow up, I want to be an **author**.

392- curso – course, college major

O capitão mudou o **curso** do navio.
The captain changed the ship's **course**.

393- crescer – to grow

Na puberdade, ela irá **crescer**.
At puberty, she will **grow** taller.

394- aumentar – to increase, augment

O preço das casas **aumentou** 5%.
House prices have **increased** by 5%.

395- decisão – decision

Ele já tomou uma **decisão** sobre comprar o carro ou não?
Has he made a **decision** about buying the car yet?

396- câmara – city council, chamber

O velho homem retirou-se para sua **câmara**.
The old man retired to his **chamber**.

397- andar – to walk

Você gostaria de dirigir ou **andar**?
Would you like to ride or **walk**?

398- sistema – system

Temos um **sistema** para consertar este problema. Você deve segui-lo passo a passo.
We have a **system** for fixing this problem. You must follow it step by step.

399- desejo – desire, will

Ele não tinha **desejo** de visitar o México.
He had no **desire** to visit Mexico.

400- maioria – majority

O referendo seria decidido por **maioria** simples.
The referendum was to be decided by a simple **majority**.

401- acompanhar – to go with, to keep company

Eu vou **acompanhar** você.
I'm **going with you**.

402- viagem – trip, journey, voyage

Diverti-me na **viagem**.
I had fun on my **trip**.

403- senhora – lady

Perguntei à **senhora** se podia ajudá-la a carregar as bolsas.
I asked the **lady** if I could help her carry the bags.

404- aspecto – aspect

O único **aspecto** de vida na cidade que Bob odiava era o barulho.
The only **aspect** of city living that Bob hated was the noise.

405- artista – artist

Este **artista** trabalha em metal, gesso e pinturas.
This **artist** works in metal, plaster and paints.

406- idade – age

Na **idade** de seis anos, David começou o jardim de infância.
At the **age** of six, David started kindergarten.

407- aberto – open

A porta estava **aberta** e o cachorro entrou.
The door was **open** and the dog walked in.

408- conto – short story, monetary value

Ele escrevia **contos** sobre pessoas vivendo em áreas rurais.
He wrote short **stories** about people living in rural areas.

409- médico – medical doctor, medical

A paciente sofreu alguns problemas **médicos**.
The patient suffered from a few **medical** problems.

410- capital – capital

Madri é a **capital** da Espanha.
Madrid is the **capital** of Spain.

411- sobretudo – above all, mainly

Peter é um homem inteligente, bonito e, **sobretudo**, honesto.
Peter is a clever, handsome and, **above all**, honest man.

412- no entanto – however, even though

Ela poderia ser agradável, **no entanto** não era.
She could be pleasant; **however**, she wasn't.

413- cultura – culture

A **cultura**, em muitas partes do país, é bastante conservadora.
The **culture** in many parts of the country is quite conservative.

414- escolher – to choose

Você não pode ficar com os dois: tem que **escolher**.
You can't take both: you must **choose**.

415- conhecimento – knowledge,

O psicólogo tinha um **conhecimento** profundo sobre a natureza humana.
The psychologist had a deep **knowledge** of human nature.

416- responder – to respond, answer

Quando ele não tem certeza da resposta, ele não **responde**.
When he is unsure of the answer to a question, he does not **respond**.

417- pretender – to plan to, intend

Pretendo parar de fumar a partir de amanhã.
I **intend** to give up smoking, starting tomorrow.

418- população – population

A **população** de Nova York é de 8 milhões.
The **population** of New York is 8 million.

419- estudo – study

Botânica é o **estudo** das plantas.
Botany is the **study** of plants.

420- resposta – answer, response

Não tenho uma **resposta** para a tua pergunta.
I don't have an **answer** to your question.

421- informação – information

Ela tentou adquirir o máximo de **informação** possível a respeito de sua doença antes de falar com o médico.
She tried to learn as much **information** as possible about her illness before talking to the doctor.

422- comum – common

O crime é uma ocorrência **comum** nas grandes cidades.
Crime is a **common** occurrence in big cities.

423- gostar – to like

Eu **gosto** dele. Ele parece ser um cara legal.
I **like** him. He seems like a good guy.

424- superior – greater, higher, superior

O produto **superior** é o mais caro.
The **superior** product is the most expensive one.

425- saúde – health

Apesar da idade, ela ainda tem **saúde** mental e corporal.
Despite her age, she still has **health** of mind and body.

426- capaz – capable

Cleonice é uma boa trabalhadora, mas quando se trata de fazer hora extra, ela não é **capaz**, porque ela fica cansada rapidamente.
Cleonice is a good worker, but when it comes to overtime, she isn't **capable** because she gets fatigued quickly.

427- porta – door

Ela abriu a **porta** e entrou no quarto.
She opened the **door** and walked into the room.

428- terceiro – third

Era a **terceira** vez que mentiam para ele.
This was the **third** time he was lied to.

429- vender – to sell

Ele **vende** jornais a 50 centavos cada.
He **sells** newspapers for 50 cents each.

430- república – republic

Sara foi à **República** Checa ensinar Português por um ano.
Sarah went to the Czech **Republic** to teach Portuguese for a year.

431- matar – to kill

Ele **matou** a formiga antes que ela o picasse.
He **killed** the ant before it could bite him.

432- menor – smaller, younger, less, least

Como a Grande Pirâmide é tão famosa, nem tantas pessoas visitam as pirâmides **menores** do Egito.
Because the Great Pyramid is so famous not as many people visit Egypt's **smaller** pyramids.

433- especial – special

Nosso filho é uma criança **especial**.
Our son is a **special** child.

434- sul – south

O posto de gasolina fica a 2 km ao **sul** daqui.
The gas station is two km further to the **south**.

435- cinema – movie, movie theater

As matinês são normalmente mais baratas que as exibições noturnas no **cinema**.
Matinee shows are usually cheaper than evening shows at the **movie**.

436- pena – penalty, shame

A **pena** por seus crimes é dez anos de prisão.
The **penalty** for your crimes is ten years' imprisonment.

437- cor – color

A sua **cor** favorita é o vermelho?
Is red your favourite **colour**?

438- sofrer – to suffer

Ela **sofreu** durante anos, enquanto estava casada com ele.
She **suffered** for years while married to him.

439- estrangeiro – foreigner, stranger, foreign

Esse vinho é **estrangeiro** ou é fabricado aqui mesmo?
Is this wine **foreign** or is it from here?

440- ar – air

O mágico parecia flutuar no **ar** diante de nossos olhos.
The magician seemed to hover in the **air** before our eyes.

441- carro - car, cart, buggy

O **carro** disparou pela rodovia abaixo.
The **car** sped down the highway.

442- igual – equal

Há um número **igual** de bolas de gude em cada pote.
There is an **equal** number of marbles in each jar.

443- figura – figure, chart, character

A atriz tinha uma bela **figura**.
The actress had a beautiful **figure**.

444- interior – interior, inland, inside

O **interior** da casa é bonito.
The **inside** of the house is beautiful.

445- dificuldade – difficulty

A **dificuldade** dos cursos foi demasiada para alguns alunos.
The **difficulty** of the courses was too much for some of the students.

446- decidir – to decide

Você quer bolo ou sorvete? Não consigo **decidir**!
Do you want cake or ice cream? I can't **decide**!

447- negro – black, dark (person)

A simpática senhora **negra** ensinou-me o caminho do banco.
The nice **black** lady taught me the way to the bank.

448- comprender – to comprehend, understand

Os alunos não conseguiam **compreender** o parágrafo longo e complicado.

The students could not **comprehend** the long, complicated paragraph.

449- milhão – million

A casa da estrela do cinema custa por volta de três **milhões**.
The movie star's house cost around three **million**.

450- importância – importance

Você não deveria subestimar a **importância** de se vestir bem para uma entrevista de emprego.

You shouldn't underestimate the **importance** of dressing smartly for this job interview.

451- produzir – to produce

A fábrica **produz** tratores.
That plant **produces** tractors.

452- livre – free

O prisioneiro finalmente estava **livre**.
The prisoner was **free** at last.

453- rede – network, net

Os servidores da companhia estão ligados em **rede**.
The company's servers are linked in a **network**.

454- efeito – effect

Antes de fazer qualquer coisa, pense nos possíveis **efeitos** de suas ações.

Before you do anything, think about the possible **effects** of your actions.

455- fechar – to shut, to close

A porta **fechou** lentamente.
The door slowly **closed**.

456- possibilidade – possibility

Há várias **possibilidades** em aberto para resolvermos o problema.
There are a number of **possibilities** open to us to solve this situation.

457- oito – eight

Minha filha tem **oito** anos.
My daughter is **eight** years old.

458- principalmente – especially, mainly

As mudanças na lei afetam **principalmente** os pobres.
Changes in the law affect **mainly** the poor.

459- quadro – painting, panel

O Louvre tem milhares de **pinturas** em suas paredes.
The Louvre has thousands of **paintings** on its walls.

460- espírito – spirit

Somente nos filmes você consegue ver o **espírito** das pessoas deixando o corpo.
Only in the movies can you see somebody's **spirit** leaving their body.

461- elemento – element

Uma boa noção de gramática é apenas um dos **elementos** da boa redação.
Good grammar is just one **element** of good writing.

462- base – basis, base, foundation

A luminária tem uma grande **base** redonda.
The floor lamp has a large round **base**.

463- sangue - blood

Após a luta, seu rosto estava coberto de **sangue**.
After the fight, his face was covered in **blood**.

464- transformar – to transform

Os seus móveis novos realmente **transformam** a sala de estar.
Your new furniture really **transforms** the living room.

465- comprar – to buy

Breno vai **comprar** um carro.
Breno is going **to buy** a car.

466- tu – you

Tu deves comer as vagens.
You should eat your green beans.

467- após – after

Podemos discutir mais sobre isso **após** o almoço.
We can discuss it more **after** lunch.

468- filha – daughter

Ele tem três **filhas** e nenhum filho.
He has three **daughters** and no sons.

469- sob – below, under, underneath

O mecânico está trabalhando **sob** o carro.
The mechanic is working **under** the car.

470- referir-se – to refer to

Essa ligação **refere-se** a quê?
What does this call **refer to**?

471- pedra – stone

Usa aquela **pedra** para deixar a porta aberta.
Use that **stone** to hold the door open.

472- filme – movie, film

Os **filmes** de Hollywood me aborrecem às vezes. Prefiro filmes de arte.
Hollywood **movies** bore me at times. I prefer art films.

473- madeira – wood

Isto é plástico ou **madeira**?
Is this plastic or **wood**?

474- natureza – nature

Ele adora a **natureza**, tanto que está pensando em tornar-se um guarda florestal.
He loves **nature** so much that he is thinking about becoming a park ranger.

475- período – period

Marcela está planejando sair de férias por um **período** curto.
Marcela plans to be on holiday for a short **period**.

476- presente – present, present time, gift

O **presente** de aniversário foi justamente o que ela precisava.
The birthday **present** was just what she needed.

477- sete – seven

Há **sete** livros aqui.
There are **seven** books here.

478- recurso – resource

Este dicionário é um excelente **recurso** para estudantes de línguas.
This dictionary is a great **resource** for language learners.

479- levantar – to raise, stand up

Quando eu estava na escola, tínhamos de nos **levantar** sempre que um professor entrava na sala de aula.
When I was at school, we had to **stand up** each time a teacher entered the classroom.

480- mandar – to send, to command, to order

Estou **mandando** que você devolva o dinheiro e peça desculpas.
I'm **ordering** you to put that money back and apologize.

481- unido – united

Unidos, os dois grupos conseguiram alcançar muito mais do que puderam individualmente.
United, the two groups were able to achieve much more than they could individually.

482- resultado – result

Você sabe o **resultado** das eleições?
Do you know the **result** of the elections?

483- preso – captive, imprisoned

As tropas inimigas têm mais de duzentos **presos**.
The enemy troops have over two hundred **captives**.

484- reconhecer – to recognize

A testemunha **reconheceu** o suspeito.
The witness **recognized** the suspect.

485- dirigir – to direct, to drive, to conduct

Dirigir é uma habilidade bastante útil para se aprender.
Driving is a very useful skill to learn.

486- tocar – to touch, to play (instrument)

Ela **tocou** o ombro dele.
She **touched** his shoulder.

487- diretor – director

Quem é o **diretor** deste projeto?
Who is the **director** of this project?

488- irmão – brother

Eu tenho dois **irmãos** e uma irmã.
I have two **brothers** and one sister.

489- ninguém – no one

Pedro deu uma festa, mas **ninguém** apareceu.
Peter threw a party, but **nobody** showed up.

490- mau – bad, evil

Nos filmes, o **mau** elemento geralmente perde.
In films, the **bad** guy usually loses.

491- simples – simple

Este mistério foi **simples** para ele resolver.
The puzzle was **simple** for him to solve.

492- programa – program

O **programa** inclui três cursos diferentes.
The **program** includes three different courses.

493- construir – to construct

A cidade planeja **construir** um novo centro comunitário.
The city plans to **construct** a new community center.

494- diverso – diverse, severa

Esta universidade oferece uma gama **diversa** de cursos.
This university offers a **diverse** range of courses.

495- cerca – about, near, close by

Havia **cerca** de quinze pessoas no nosso grupo de viagem.
There were **about** fifteen people in our tour group.

496- classe – class, type

Muita gente espera subir de **classe**.
Many people hope to rise above their **class**.

497- conselho – advice, counsel, council

Meus pais estão sempre tentando me dar **conselhos**.
My parents are always trying to give me **advice**.

498- amor – love

O **amor** é talvez a mais importante emoção humana.
Love is perhaps the most important human emotion.

499- televisão – television

Assisto **televisão** duas horas ao dia mais ou menos.
I watch **television** for around two hours a day.

500- valer – to be worth

O vendedor disse que o vaso **valia** duzentas libras, mas eu esperava mais.

The dealer said the vase **was worth** £200 but I had hoped for more.

501- banda – band

Ela tocava clarinete na **banda** da escola.
She played the clarinet in the school **band**.

502- carta – letter (to someone)

Ontem recebi uma **carta** de mamãe.
I received a **letter** from my mother yesterday.

503- segurança – security, safety

Tudo é projetado para maximizar a **segurança** em uma obra.
Everything is designed to maximize **safety** on the construction site.

504- vinte – twenty

Ela comprou **vinte** livros em um dia.
She bought **twenty** books in one day.

505- quarto – room, bedroom, fourth

Ela dormiu no **quarto** dela.
She slept in her **bedroom**.

506- diferença – difference

Você deveria saber a **diferença** entre carros e caminhões.
You should know the **difference** between cars and trucks.

507- perto – close

Mantenha seu telefone **perto**, para o caso de ele ligar.
Keep your phone **close**, in case he calls!

508- opinião – opinion

Na minha **opinião** a pena de morte é imoral.
It's my **opinion** that the death penalty is morally wrong.

509- título – title

Qual é o **título** de seu discurso?
What's the **title** of your speech?

510- luta – struggle, fight, conflict

A maratona foi uma grande **luta** para mim, mas eu a terminei.
The marathon was a **struggle** for me, but I finished.

511- afirmar – affirm

A condição primitiva de toda inteligência é que o ego deve
postular, **afirmar** ou estar consciente de si mesmo.
The primitive condition of all intelligence is that the ego shall
posit, **affirm** or be aware of itself.

512- terminar – to end, finish

Ele **terminou** a tradução em 30 minutos.
He **finished** the translation in 30 minutes.

513- algo – something

Estamos procurando **algo** para comer.
We're looking for **something** to eat.

514- peixe – fish

Meu filho tem um **peixe** de estimação.
My son has a pet **fish**.

515- atrás – behind, back, ago

O bancário está trabalhando **atrás** do guichê.
The bank worker is standing **behind** the counter.

516- atingir – to reach, to attain

Este show **atinge** milhares de adolescentes.
This show **reaches** thousands of teenagers.

517- interessar – to interest, to concern

Sim, otras culturas realmente **interessam** me.
Yes, other cultures really **interest** me.

518- discutir – to discuss, to dispute

Eles **discutiram** política por uma hora.
They **discussed** politics for an hour.

519- voz – voice

Sua **voz** era forte e alta.
His **voice** was loud and strong.

520- companhia – company

Mike trabalha para uma grande **companhia**.
Mike works for a large **company**.

521- significar – to mean, to signify

O que **significa** a palavra "disponível"?
What does the word 'available' **mean**?

522- objeto – object

Há uma série de **objetos** no chão.
There are a number of **objects** lying on the floor.

523- alguém – someone

Alguém comeu o último pedaço de bolo, mas não sei quem foi.
Someone ate the last piece of cake, but I don't know who it was.

524 - anterior – previous, anterior

Alberto tinha terminado no dia **anterior**.
Albert had finished the **previous** day.

525- buscar – to look for, search for

Ele **buscou** a resposta online.
He **searched for** the answer online.

526- dúvida – doubt

Não tenho **dúvidas** de que o céu existe.
I have no **doubt** that heaven exists.

527- início – beginning, start

Ele foi cauteloso desde o **início**.
He was careful from the **beginning**.

528- matéria – material, (subject) matter

A **matéria** do carbono combina com a do oxigênio.
The carbon **matter** combines with oxygen.

529- graça – thanks, grace

A Naiane está curada, **graças** a Deus.
Naiane is healed, **thanks** to God.

530- língua – language, tongue

Ela fala duas **línguas**: francês e inglês.
She speaks two **languages**: French and English.

531- enorme – huge

O **enorme** balão é maior do que ela.
The **huge** balloon is bigger than she is.

532- americano – American

Sim, nós somos **americanos**; crescemos em Atlanta.
Yes, we are **Americans**; we grew up in Atlanta.

533- médico – doctor

Minha esposa está doente, ela precisa ver um **médico**.
My wife is sick, she needs to see a **doctor**.

534- julgar – to judge

Você não pode **julgá**-lo por aquele único erro!
You can't **judge** him just from that one mistake!

535- francês – French

Ela fala **francês** fluentemente.
She speaks **French** fluently.

536- verde – green, unripe

Verde é a minha cor preferida.
Green is my favourite colour.

537- atenção – attention

A **atenção** da escola às necessidades especiais da minha filha tem sido excelente.
The school's **attention** to my daughter's special needs has been excellent.

538- nível – level

Em que **nível** você está no jogo de computador?
Which **level** are you at in the computer game?

539- criação – creation

A senhora Rita defendeu a **criação** de um parque no bairro.
Ms. Rita argued for the **creation** of a neighborhood park.

540- verdadeiro – true

O universo é um **verdadeiro** mistério.
The universe is a **true** mystery.

541- justiça – justice

As crianças aprendem o conceito de **justiça** bem novas.
Children learn the concept of **justice** at an early age.

542- vivo – alive

Duas das quatro irmãs ainda estão **vivas**.
Two of the four sisters are still **alive**.

543- educação – education

Que **educação** você tem? Formação universitária?
What **education** do you have? A college degree?

544- passado – past, last, previous

No **passado**, costumávamos lavar a roupa à mão.
In the **past**, we used to wash our clothes by hand.

545- evitar – avoid

Os caiaquistas **evitaram** as rochas no rio.
The kayakers **avoided** the rocks in the river.

546- ambiente – environment, surroundings

O **ambiente** amazônico pode ser difícil para humanos.
The **environment** of the Amazon can be difficult for humans.

547- guarda – guard, care

A **guarda** patrulhou ao redor do prédio.
The **guard** patrolled around the building.

548- econômico – economic

O governo prometeu que suas políticas **econômicas** baixariam a dívida nacional.
The government promised their **economic** policies would lower the national debt.

549- casar-se – to marry

Ela **casou-se** com o marido há dois anos.
She **married** her husband two years ago.

550- participar – to participate

Temos um projeto empolgante chegando e gostaríamos que todo o departamento **participasse**.
We have an exciting project coming up and we'd like the whole department to **participate**.

551- rico – rich

A família Rockefeller é **rica**.
The Rockefeller family is **rich**.

552- pobre – poor

Muitos de nós vêm de famílias **pobres**.
Many of us come from **poor** families.

553- cabo – Cape (geography), cable, end

Os acrobatas são pendurados por **cabos** para dar a impressão que eles estão voando.
The acrobats are suspended with wire **cables** so they appear to be flying.

554- eleição – election

A **eleição** especial acontecerá no dia 10 de outubro.
The special **election** will take place on October 10th.

555- apoio – support

O **apoio** cedeu e o telhado caiu.
The **support** gave way and the roof collapsed.

556- inglês – English

O **inglês** é falado por muitas pessoas.
English is spoken by many people.

557- solução – solution

Nós precisamos achar uma **solução** para este problema, antes de continuarmos o projeto.
We need to find a **solution** to this problem, before we can continue with the project.

558- demais – too much

Café **demais** me deixa irrequieto.
Too much coffee makes me jittery.

559- máquina – machine, device

O piloto pousou a **máquina** em segurança.
The pilot landed the **machine** safely.

560- trabalhador – worker

Os **trabalhadores** temporários foram empregados para ajudarem na colheita.
The seasonal **workers** were employed to help with the harvest.

561- produto – product

O país é famoso por **produtos** como tecidos e grãos.
The country is famous for **products** such as textiles and grains.

562- envolver – to involve

A compra de um carro geralmente **envolve** a obtenção de um empréstimo bancário.
Buying a car usually **involves** getting a loan from the bank.

563- doença – illness

Havia uma **doença** se espalhando na escola, por isso a mãe de Gary o tirou da escola por uma semana.
There was an **illness** going around in school, so Gary's mom pulled him out of school for a week.

564- resto – rest, remaining part

Coma o que puder e eu fico com o **resto**.
Eat what you can and I'll have the **rest**.

565- ciência – science

Gostaria de estudar a **ciência** das sociedades humanas.
I would like to study the **science** of human societies.

566- marcar – to mark, set (a date)

Eles **marcaram** a área do jardim que deveria ser colocada no gramado.
They **marked** off the area of the garden that was to be laid to lawn.

567- cumprir – to fulfill, obey

Você será pago quando **cumprir** suas obrigações contratuais.
You will be paid when you've **fulfilled** your contractual obligations.

568- contato – contact

O **contato** com tinta úmida pode arruinar suas roupas.
Contact with wet paint can ruin your clothes.

569- realmente – really, truly

Eu **realmente** a amo.
I **truly** love her.

570- morar – to live (in or at), dwell

George **morou** aqui sua vida inteira.
George has **lived** here all his life.

571- rápido – fast, rapid

A **rápida** raposa apanhou a galinha.
The **fast** fox caught the chicken.

572- literatura – literature

Depois da aula de cálculo, Tiago tinha **literatura**.
After calculus class, Tiago had to go to **literature**.

573- fácil – easy

Corrigir a ortografia foi um trabalho **fácil**.
Correcting the spelling was an **easy** job.

574- atual – current, up-to-date

Você sabe qual é a temperatura **atual**?
Do you know the **current** temperature?

575- dead – morto

O inseto não estava **morto** ainda, então ele pisou nele de novo.
The bug still wasn't **dead**, so he stepped on it again.

576- exigir – to require, demand

Obter um diploma **exige** muito empenho.
Getting a degree **requires** a lot of hard work.

577- diante – from then on; in front of

Beatriz ficou tão agradecida pela ajuda de Gabriel, que dali em **diante** ficaram melhores amigos.
Beatriz was so grateful for Gabriel's help, that **from then** on they were best friends.

578- liberdade – liberty, freedom

Liberdade de expressão é uma base importante da democracia.
Freedom of speech is an important basis of democracy.

579- zona – zone

A polícia isolou a **zona** onde ocorreu o derramamento.
Police have cordoned off the **zone** where the spillage took place.

580- terreno – land, terrain, ground

O **terreno** é plano em muitas partes de Ohio.
The **land** is flat in many parts of Ohio.

581- provocar – to provoke

O repentino aumento no preço da comida **provocou** tumultos.
The sudden rise in food prices **provoked** riots.

582- garantir – to guarantee

A nova lei **garante** refeições escolares gratuitas para todas as crianças abaixo de cinco anos.
The new law **guarantees** free school meals to all children under five.

583- jogar – to play (a game), throw

A criança passou a tarde **jogando**.
The children spent the afternoon **playing** games.

584- modelo – model, example

Esta bola de massa será o **modelo**. Você deve fazer o resto como esta.
This ball of dough is the **model**. You should make all of the rest like that one.

585- assumir – to assume

Até termos evidência de que Jake cometeu o assassinato, temos que **assumir** sua inocência.
Until we have evidence that Jake committed the murder, we must **assume** his innocence.

586- oferecer – to offer, to give

Ele **ofereceu**-lhe umas batatas fritas.
He **offered** her some potato chips.

587- visão – vision, view

Bruno consultou um oculista porque estava tendo alguns problemas com sua **visão**.
Bruno went to see an optician because he was having some problems with his **vision**.

588- preparar – to prepare

Ela arrumou o tabuleiro e **preparou** as peças para um jogo de xadrez.
She got the board out and **prepared** the pieces for a game of chess.

589- constituir – to constitute

Os estados que **constituem** este país têm sua própria cultura.
The states that **constitute** this country each have their own culture.

590- escritor – author, writer

Stephen King é um **escritor** famoso.
Stephen King is a famous **writer**.

591- estrada – highway, road

Não pegue a **estrada** errada ou você vai se perder.
Do not take the wrong **road** or you will get lost.

592- construção – construction

A **construção** da nova autoestrada irá demorar dois anos.
The **construction** of the new highway will take two years.

593- polícia – police

A cidade depende de uma **polícia** independente.
The city depends on independent police.

594- mudança – change

As partes fizeram uma **mudança** no contrato.
The parties made a **change** to the contract.

595- aprender – to learn

O ator teve de **aprender** as suas falas.
The actor had **to learn** his lines.

596- mínimo – minimum, least

Qual o **mínimo** que posso pagar por isso?
What is the **least** that I can pay for this?

597- comer – to eat

Tenho dificuldade de **comer** carne por causa dos meus dentes frouxos.
I have difficulty **eating** meat because of my loose teeth.

598- fugir – to flee, to run away

As pessoas **fugiram** do leão que escapou do zoológico.
The people **ran away** from the lion that escaped from the zoo.

599- motivo – reason, motive

A polícia ainda está tentando entender o **motivo** do assassino.
The police are still trying to work out the killer's **motive**.

600- som – sound

Eles acordaram com o **som** de tiros.
They awoke to the **sound** of gunfire.

601- obrigar – to force, to obligate

Danilo era contra **obrigar** as pessoas a entrarem para o exército.
Danilo was against the **forcing** of people into the army.

602- publicar – to publish

Ian estava empolgado quando a editora concordou em **publicar** seu romance.
Ian was thrilled when the publishing house agreed to **publish** his novel.

603- sol – sun

O **sol** nasce no Leste.
The **sun** rises in the east.

604- comércio – commerce, trade

O **comércio** internacional tem aumentado nos últimos anos.
International **trade** has been increasing over the last few years.

605- ocupar – to occupy

Uma estrela do rock e sua banda estão **ocupando** a suíte da cobertura.
A rock star and his band are **occupying** the penthouse suite.

606- central – central, station

Os melhores restaurantes estão na parte **central** da cidade.
The best restaurants are in the **central** part of the city.

607- curto – short

Uma jovem tem cabelo comprido, e a outra jovem tem cabelo **curto**.
One young woman has long hair and one young woman has **short** hair.

608- prova – proof, test, evidence

Tenho uma **prova** de alemão hoje e espero ter bom resultado.
I have a German **test** today, and hope I get good results.

609- memória – memory

Se não me falha a **memória**, ele foi candidato a prefeito uma vez.
If my **memory** is correct, he was once a candidate for mayor.

610- bater – to hit, beat

Ele **bateu** na mesa com o punho para afirmar a sua convicção.
He **beat** the desk with his fist to try to get his point across.

611- aproveitar – to make good use of, to use

Este guisado **aproveita** todas as sobras em sua geladeira.
This stew **makes good** use of all the leftovers in your refrigerator.

612- depender – to depend

"Você vai à festa hoje à noite?" "**Depende**. Ainda não encontrei um vestido."
"Are you coming to the party tonight?" "It **depends**. I haven't found a dress yet."

613- parar – to stop

O guarda ordenou que eles **parassem**.
The guard ordered them **to stop**.

614- metrô – subway

Roberta pegou o **metrô** para casa.
Roberta took the **subway** home.

615- material – material

Tem algum tipo de **material** cobrindo esta mesa para deixá-la tão lisa.
There is some sort of **material** covering this table to make it so smooth.

616- revista – magazine, periodical

Esta **revista** sai semanalmente.
This **magazine** is published weekly.

617- acima – above

Um general está **acima** de um coronel.
A general ranks **above** a colonel.

618- crítica – criticism

A governadora recebeu muitas **críticas** pelo seu esforço em aumentar os impostos.
The governor received a lot of **criticism** for her effort to raise taxes.

619- sinal – sign, signal

Há **sinais** de que haverá uma tempestade amanhã.
There are **signs** that it will storm tomorrow.

620- medo – fear

Pais de adolescentes têm **medo** das drogas.
Parents of teenagers have a **fear** of drugs.

621- profissional – professional

Pare de se tratar por sua conta e busque um **profissional**!
Stop trying to treat yourself and see a **professional**!

622- sucesso – sucess

O projeto foi um **sucesso** porque o cliente ficou feliz.
The project was a **success** because the customer was happy.

623- objetivo – objective

O **objetivo** das conversas é encontrar uma solução pacífica para a crise.
The **objective** of the talks is to find a peaceful solution to the crisis.

624- inteiro – entire

Ele comeu a maçã **inteira**.
He ate the **entire** apple.

625- venda – sale

A **venda** prosseguiu como planejado.
The **sale** proceeded as planned.

626- carreira – career, race

Amanda teve uma longa **carreira** na companhia.
Amanda had a long **career** at the company.

627- assistir – to watch, to help, to attend

Ele **assistiu** à luta no parque.
He **watched** the fight in the park.

628- esquerda – left (direction)

Suas chaves estão à **esquerda**.
Your keys are to your **left**.

629- cortar – to cut

Esta faca **corta** bem?
Does this knife **cut** well?

630- influência – influence

A **influência** dos imigrantes pode ser vista na cultura.
The **influence** of the immigrants can be seen in the culture.

631- pertencer – to belong to

Aquele livro **pertence** a Jessica.
That book **belongs to** Jessica.

632- personagem – character (literature)

Esta peça tem **personagens** bem-escritos.
This play has well-written **characters**.

633- obter – to get, to obtain

Após quatro anos em Oxford, Lisa **obteve** um doutorado.
After four years at Oxford, Lisa **obtained** a doctorate.

634- apoiar – to support, to uphold, to sustain

O governo de direita estava determinado a **apoiar** a ordem estabelecida, apesar dos clamores por mudança.
The right-wing government was determined to **uphold** the established order, despite calls for change.

635- funcionar – to function

Aquela máquina **funciona** como deveria?
Does that machine **function** as it is supposed to?

636- prática – practice

A **prática** de desenho ajudou os alunos a melhorarem suas habilidades.
The students' drawing **practice** helped them improve their skill.

637- formação – formation, graduation

Astrofísicos tentam entender a **formação** do universo.
Astrophysicists try to understand the **formation** of the universe.

638- europeu – European

A França é um país **europeu**.
France is a **European** country.

639- conforme – according to

Conforme o costume, o jantar deve ser no primeiro domingo de junho.
According to custom, the dinner must be on the first Sunday in June.

640- preocupação – worry, preoccupation

Muita **preocupação** vai causar problemas no estômago.
Too much **worry** will cause stomach problems.

641- estabelecer – to establish

A rede decidiu **estabelecer** um restaurante em cada grande cidade do Brasil.
The chain decided to **establish** a restaurant in every major city in Brazil.

642- produção – production

A **produção** de uma obra de arte requer muito tempo e esforço.
The **production** of a work of art requires a lot of time and effort.

643- conjunto – set, combination, group

Não se preocupe, vou pegar meu **conjunto** de ferramentas e consertar isso.
Don't worry, I will get my **set** of tools and fix it.

644- esforço – effort

Ele fez um **esforço** para limpar a cozinha, mas, no fim, não ficou tão limpa.
He made an **effort** at cleaning the kitchen, but it wasn't very clean afterwards.

645- massa – mass, dough

O tronco da árvore tinha uma grande **massa** de sujeira presa.
The tree stump had a big **mass** of dirt clinging to it.

646- comissão – commission

A maioria das pessoas em vendas tem um salário base mais **comissão**.
Most people in sales make a base salary plus **commission**.

647- porém– however, though

Ela não gostou do preço do vestido. **Porém**, ela comprou.
She didn't like the price of the dress. **However**, she bought it.

648- subir – to go up, to climb

Ainda temos de **subir** antes de poder descer até o vale.
We still have to **climb** before we can descend into the valley.

649- popular – popular

Maiara é a garota mais **popular** da escola.
Maiara is the most **popular** girl in school.

650- desenvolver – to develop

O professor ajudou os alunos a **desenvolverem** suas habilidades
de escrita criativa.
The teacher helped students **develop** their creative writing skills.

651- rei – King

Um dia o príncipe Charles será o **rei** da Inglaterra.
Prince Charles will be **King** of England one day.

652- rádio – radio (device)

Nina está ouvindo **rádio**.
Nina is listening to the **radio**.

653- prestar – to render (aid), be useful

Marina **prestou** um relato dos eventos que levaram ao assalto.
Marina **rendered** an account of the events leading up to the
robbery.

654- dividir – to divide

Os planos de construir um supermercado na periferia da cidade
dividiram opiniões.

Plans to build a supermarket on the outskirts of the town have **divided** opinion.

655- erro – mistake, error

Desculpe-me, mas eu cometi um **erro**. O número correto é quatro.
I'm sorry but I made a **mistake**. The correct number is four.

656- gênero – kind, type, genus

Ela acusou o homem de humilhações de todo **gênero**.
She accused the man of all **kinds** of humiliations.

657- favor – favor

Faça-me um **favor**: me empreste 50 reais.
Do me a **favor** and lend me $50.

658- oficial – official

Após o desastre uma investigação **oficial** foi anunciada.
Following the disaster an **official** investigation was announced.

659- administração – administration

A **administração** discutirá o assunto com o conselho de diretores.
The **administration** will discuss the matter with the board of directors.

660- reunir – to gather

As agências de inteligência estão **reunindo** mais informações sobre nossas atividades online.
Intelligence agencies are **gathering** more and more information on our online activities.

661- porcento – percent

Somente 40 **porcento** dos eleitores foram às urnas.
Only 40 **percent** of voters went to the polls.

662- sangue – blood

Após a luta, seu rosto estava coberto de **sangue**.
After the fight, his face was covered in **blood**.

663- letra – letter, handwriting, lyrics

A **letra** C é a terceira do alfabeto.
The **letter** C is the third letter of the alphabet.

664- série – series

Após uma **série** de falhas, ele finalmente teve sucesso.
After a **series** of failures, he finally succeeded.

665- expressão – expression

Via-se pela sua **expressão** que não estava desfrutando as férias.
You could see by his **expression** that he wasn't enjoying the vacation.

666- face – face, surface

A bola atingiu-o na **face**.
The ball hit him in the **face**.

667- supor – suppose

Roberto telefonou para dizer que estava a caminho, então **suponho** que ele logo estará aqui.
Robert phoned to say he was on his way, so I **suppose** he'll be here soon.

668- vila – small town, village

Os viajantes pararam em uma **vila** para descansar durante a noite.
The travelers stopped in a **village** to rest for the night.

669- determinar – to determine

Esta etapa **determinará** quais participantes irão para a final.
This round will **determine** which contestants go through to the final.

670- completamente – completely

Ela estava **completamente** arrasada, construindo a casa.
She was **completely** done building the house.

671- energia – energy

A máquina convertia vapor em **energia** utilizável.
The machine converted steam into usable **energy**.

672- presença – presence

Jacson notou a **presença** de Machado de Assis na leitura da poesia.
Jackson noted Machado de Assis's **presence** at the poetry reading.

673- árvore – tree

Há três **árvores** no nosso quintal.
There are three **trees** in our back yard.

674- fase – phase

Esta **fase** do projeto é crucial.
This **phase** of the project is crucial.

675- encontro – encounter, meeting, date

O **encontro** da comunidade durou duas horas.
The community **meeting** lasted for two hours.

676- deputado – representative, deputy

As pessoas estão votando para elegerem seus **deputados** hoje.
The people are voting to elect their **deputies** today.

677- emprego – job, work, employment

Eu preciso encontrar um novo **emprego**.
I need to find a new **job**.

678- particular – privative, particular

Nem todos podem ser goleiros. Isso requer uma habilidade **particular**.
Not everyone can be a goalkeeper. It requires **particular** skill.

679- risco – risk

Andar de bicicleta sem capacete é um **risco** que eu prefiro evitar.
Riding a bicycle without a helmet is a **risk** I prefer to avoid.

680- belo – beautiful

Que **bela** vista do mar!
What a **beautiful** view of the sea!

681- cena – scene

A ambulância chegou a **cena** do acidente em 5 minutos.
The ambulance arrived at the **scene** of the accident within 5 minutes.

682- consciência – conscience, awareness

Viver em uma nova cultura aumenta sua **consciência** cultural de sua nova cultura e sua antiga cultura.
Living in a new culture increases your cultural **awareness** of both your new culture and your old one.

683- geração – generation

O estudante de física estudou a **geração** de energia elétrica.
The physics student studied electrical power **generation**.

684- crime – crime

Roubar é **crime**.
It is a **crime** to steal.

685- somente – only, solely

Somente os familiares participaram do funeral. **Somente** nós fomos permitidos na sala.
Only family members attended the funeral. **Only** we are allowed in this room.

686- verificar – to verify, check

A polícia **verificou** o álibi do suspeito ao checar com seus amigos.
The police **verified** the suspect's alibi by checking with his friends.

687- preferir – to prefer

Você **prefere** maçãs ou laranjas?
Do you **prefer** apples or oranges?

688- crise – crisis

June sempre sabe o que fazer em uma **crise**.
June always knows what to do in a **crisis**.

689- ora – now, presently

Por **ora**, o metrô funciona normalmente.
For **now**, the subway works normally.

690- entregar – to deliver, give

O carteiro **entregou** as cartas.
The postman **delivered** the letters.

691- moderno – modern

As televisões **modernas** são em 3D.
Modern TVs are in 3D.

692- regra – rule

Há uma **regra** contra tocar música alta aqui.
There is a **rule** against playing music here.

693- revelar – to reveal, develop (photos)

Os fatos **revelam** a verdade.
The facts **reveal** the truth.

694- desejar – to wish, desire

Desejo felicidade completa para meus filhos.
I **wish** complete happiness for my children.

695- exatamente – exacly

O aluno seguiu as instruções do professor **exatamente** e acertou todas as respostas.
The student followed the teacher's instructions **exactly** and got all the answers right.

696- fonte – source, fundation

Qual é a **fonte** desta informação?
What is the **source** of this information?

697- repetir – to repeat

Alison pediu para o professor **repetir** as instruções, pois ela não as havia entendido.
Alison asked the teacher to **repeat** the instructions, as she hadn't understood.

698- largo – wide, large, broad

Há um espaço **largo** entre os dois edifícios.
There is a **wide** space between the two buildings.

699- estilo – style

Ela tem um **estilo** todo próprio.
She has a **style** all her own.

700- imaginar – to imagine

Caio **imaginou** que o novo trabalho dele não fosse ser tão duro e
que ele pudesse simplesmente fazer o que quisesse.
Caio **imagined** that his new job wouldn't be very hard and that he
could just do whatever he wanted.

701- responsabilidade – responsability

Tomar conta do cachorro é sua **responsabilidade**.
Taking care of the dog is your **responsibility**.

702- economia – economy

A **economia** do país cresceu este ano.
The country's **economy** grew this year.

703- vale – valley, receipt

O rio corre através de um **vale**.
The river runs through a **valley**.

704- avançar – advance

No jogo de xadrez, ele **avançou** o peão duas casas à frente.
In the chess game, he **advanced** his pawn forward two spaces.

705- observar – to observe

Observei um homem caminhando pela rua.
I **observed** a man walking along the street.

706- carne – meat, flesh

Ela não come **carne**. É vegetariana.
She doesn't eat **meat**. She is vegetarian.

707- origem – origin, root

Geralmente é interessante descobrir a **origem** de um idioma.
It is often interesting to discover the **origin** of an idiom.

708- atitude – attitude

Ela tem uma **atitude** positiva em relação ao trabalho.
She has a positive **attitude** towards work.

709- indivíduo – individual

Apenas um **indivíduo** apareceu na hora de abertura.
Only one **individual** turned up at opening time.

710- inclusive – including, even

Vamos todos à loja, **inclusive** as crianças.
We are all going to the shop, **including** the children.

711- sala – room

A família inteira se juntou na **sala** de estar para jogar cartas.
The whole family gathered in the living **room** to play cards.

712- cheio – full

Esta caixa está **cheia**. Você pode me dar outra?
This box is **full**. Can you get me another?

713- preto – black

Ela ficou bem no vestido **preto**.
She looked good in the **black** dress.

714- reduzir – to reduce

Agora que Trevor perdeu seu emprego, ele precisa **reduzir** suas saídas mensais.

Now Trevor has lost his job, he needs **to reduce** his monthly outgoings.

715- defesa – defense

O gasto do governo com **defesa** aumentou novamente este ano.
The government's spending on **defense** rose again this year.

716- propor – propose

Proponho que a gente suspenda a reunião até a próxima sexta-feira.
I **propose** that we adjourn the meeting until next Friday.

717- civil – civil

As pessoas lá não têm liberdades **civis**.
The people there have no **civil** liberties.

718- comunicação – communication

É importante para os professores facilitarem a **comunicação** na sala de aula.
It's important for teachers to facilitate **communication** in the classroom.

719- resultar – to result

As mentiras dele **resultaram** na sua demissão da empresa.
His lies **resulted** in his dismissal from the company.

720- texto – text

As imagens no folheto estão boas, mas o **texto** precisa de um pouco mais de trabalho.
The images in the brochure are good, but the **text** needs a bit more work.

721- oportunidade – opportunity

Pode haver uma **oportunidade** de esquiarmos durante nossa estadia lá.

There might be an **opportunity** to ski while we are there.

722- proposta – proposal

Nós lhes enviaremos a **proposta** com todos os detalhes amanhã.

We will get the **proposal** with all the details to you tomorrow.

723- manhã – morning

A **manhã** é a hora mais calma do dia.

The **morning** is the most peaceful time of day.

724- peso – weight

O **peso** era suficiente para manter a porta aberta.

Its **weight** was sufficient to hold the door open.

725- entrada – entrance, entryway

O prédio tem uma grande **entrada** que era compartilhada por todos os apartamentos.

The building had a grand **entrance** that was shared by all the apartments.

726- existência – existence

Nossa **existência** pode ser ameaçada por este asteroide.

Our **existence** may be threatened by this asteroid.

727- moeda – currency, coin

Eu coloquei muitas **moedas** na minha carteira e não conseguia fechá-la.

I put too many **coins** in my wallet and could not close it.

728- total – total

O **total** é de cinquenta e quatro dólares.
The **total** comes to fifty-four dollars.

729- clube– club

Somos sócios do **clube** de tênis local.
We are members of the local tennis **club**.

730- ferro – iron

Fe é o símbolo químico para o **ferro**.
Fe is the chemical symbol for **iron**.

731- romance – novel, romance

Meu irmão está escrevendo seu primeiro **romance**.
My brother is writing his first **novel**.

732- autoridade – authority

O presidente de turma afirmou sua **autoridade** e vetou a decisão
do conselho de estudantes.
The class president asserted his **authority** and vetoed the student
council's decision.

733- sentimento – feeling

Tenha cuidado com o que diz a ela. Não magoe os seus
sentimentos.
Be careful what you say to her. Don't hurt her **feelings**.

734- grave – grave, serious

As circunstâncias na atual guerra são muito **graves**.
Circumstances in the current war are very **grave**.

735- vitória – victory

O treinador disse que a **vitória** da noite passada foi o resultado de um ótimo trabalho em equipe.
The coach said last night's **victory** was the product of great teamwork.

736- reunião – meeting

A **reunião** da comunidade durou duas horas.
The community **meeting** lasted for two hours.

737- marido – husband

É o **marido** dela. Casaram-se há três anos.
He is her **husband**. They got married three years ago.

738- interessante – interesting

Este é um assunto **interessante**. Eu quero falar mais sobre ele mais tarde.
That's an **interesting** subject. I want to talk more about it later.

739- admitir – to admit

Ela **admitiu** que estava apaixonada por ele.
She **admitted** she was in love with him.

740- sério – serious

Não estou brincando. Falo **sério**.
I'm not joking. I'm being **serious**.

741- operação – operation

Encaixar esta pequena peça no mecanismo do relógio é uma **operação** delicada.
Fitting this small part into the watch mechanism is a delicate **operation**.

742- indicar – indicate

Pedro **indicou** o prédio comercial onde ele trabalha.
Peter **indicated** the office building where he works.

743- máximo – maximum

Antônio encheu o balde ao **máximo**.
Antony filled the bucket to the **maximum**.

744- normal – normal

O professor preferia os métodos alternativos aos **normais**.
The teacher preferred alternative methods over the **normal** ones.

745- juntar – to join, to gather

Ela **juntou** algumas conchas como lembrança das férias.
She **gathered** some shells as souvenirs of the vacation.

746- impedir – to prevent

O policial **impediu**-a de entrar no prédio.
The police officer **prevented** her from entering the building.

747- ilha – island

Você já esteve nas **ilhas** do Havaí?
Have you ever been to the **islands** of Hawaii?

748- espetáculo – show, spectacular, spectacle, performance

O teatro oferece dois **espetáculos** por noite.
The theatre has two **performances** per night.

749- possuir – to have, to possess

Jane está carregando tudo o que **possui** na bolsa nas suas costas.
Jane is carrying everything she **possesses** in the bag on her back.

750- dado – datum, given

Dada a sua reputação, eu não tenho certeza se deveríamos admiti-lo.
Given his reputation, I'm not sure we should hire him.

751- certeza – certainly

Com **certeza**, tentarei ajudar.
I will **certainly** try to help.

752- torno – around, about

Havia em **torno** de quinze pessoas no nosso grupo de viagem.
There were **about** fifteen people in our tour group.

753- frio – cold

Laura colocou um pé na água **fria** do lago.
Laura dipped one foot into the **cold** water of the lake.

754- histórico – historic, historical

Os registros **históricos** do censo podem ser pesquisados on-line.
Historical records of the census can be searched online.

755- faltar – to lack, to miss

Ele sentia uma solidão imensa porque lhe **faltava** o tempo para passar com os familiares.
He felt an immense loneliness, because of the **lacked** the time to spend with his family.

756- iniciar – to initiate, to begin

Lia **inicia** o seu trabalho assim que chega em casa.
Lia **begins** her homework as soon as she gets home.

757- dedicar – to dedicate

Alan **dedicou** o dinheiro à caridade.
Alan **dedicated** the money to charity.

758- Aliás – rather, besides

Ser professor é difícil, **aliás**, ser lider é difícil.
Being a teacher is difficult, or **rather**, being a leader is difficult.

759- universidade – university

Esta cidade abriga cinco **universidades**.
This city is home to five **universities**.

760- intenção – intention

Quando ela ouviu um homem chamando-a na rua, ela continuou andando porque não tinha certeza das **intenções** dele.
When she heard a man calling to her on the street, she kept walking because she wasn't sure of his **intentions**.

761- discurso – speech, discourse

Ele fez um **discurso** sobre os princípios do budismo.
He gave a **discourse** on the tenets of Buddhism.

762- trinta – thirty

Há **trinta** crianças na sala de meu filho na escola.
There are **thirty** children in my son's class at school.

763- apontar – to point out, to indicate

O guia turístico **apontava** os monumentos históricos quando o ônibus passava por eles.
The tour guide **pointed out** the historical monuments as the bus drove past them.

764- passagem – ticket, fare, way, passage

Guilherme pagou sua **passagem** e saiu do ônibus.
Guilherme paid his **fare** and got out of the bus.

765- tema – subject, theme, topic

Qual é o **tema** daquele livro?
What is the **subject** of that book?

766- abandonar – to leave, to abandon

Jonatas **abandonou** sua namorada e nunca mais falou com ela.
Jonatas **abandoned** his girlfriend and never spoke to her again.

767- notar – to note, to notice

Ela **notou** que ele não estava de anel.
She **noted** that he was not wearing his ring.

768- coração – heart

Ele estava tão nervoso que podia escutar seu **coração** batendo.
He was so nervous that he could hear his **heart** beating.

769- doente – sick

Eu não posso ir ao escritório hoje. Estou **doente**.
I can't come in to the office today. I'm **sick**.

770- concluir – to conclude

O chefe de gabinete **concluiu** a reunião cedo.
The chief of staff **concluded** the meeting early.

771- leite – milk

As crianças tomam muito **leite**.
The children drink a lot of **milk**.

772- paz – peace

Ela foi para o seu quarto para ter um pouco de **paz** e tranquilidade.

She went to her room for some **peace** and quiet.

773- margem – margin, border, riverbank

O professor escreveu anotações nas **margens** do resumo.

The professor wrote notes in the **margins** of the resume.

774- ambos – both

Ambas as teorias são bastante convincentes.

Both theories are quite convincing.

775- retirar – to remove

A editora **retirou** diversos parágrafos das edições posteriores do livro.

The publishers **removed** several paragraphs from later editions of the book.

776- pronto – ready

Estou **pronto** para qualquer coisa.

I am **ready** for anything.

777- vencer – to win, to triumph

Nós vamos **vencer** sobre esses tempos difíceis enquanto não desistirmos.

We'll **triumph** over these hard times as long as we don't give up.

778- discussão – discussion, debate

Hoje tive uma **discussão** interessante com sua professora.

I had an interesting **discussion** with your teacher today.

779- hospital – hospital

Ele estava no **hospital** após ter um ataque cardíaco.
He was in the **hospital** following a heart attack.

780- instrumento – instrument

Marcos queria aprender um **instrumento**, por isso ele pagou aulas de violino.
Marcos wanted to learn an **instrument** so he paid for some violin lessons.

781- minuto – minute

O alarme irá tocar em um **minuto**.
The alarm will ring in one **minute**.

782- monte – mount, a lot of

O professor carregou um **monte** de papeis para sua sala.
The professor carried **a lot of** papers to his office.

783- campanha – campaign, advertising

Uma **campanha** publicitária para o novo perfume começou na semana passada.
An **advertising** blitz for the new perfume began last week.

784- incluir – to include

As colheres de chá estão **inclusas** no jogo de talheres?
Does the silverware set **include** teaspoons?

785- prever – to foresee

A vidente alega **prever** o sucesso financeiro de seu cliente.
The psychic claims **to foresee** financial success for her client.

786- tarefa – assignment, task, homework

Tenho dez **tarefas** que preciso terminar hoje.
I have ten **tasks** that I need to complete today.

787- indústria – industry

A **indústria** nos Estados Unidos tem declinado por décadas e está mandando empregos da manufatura para fora do país.
Industry in the US has been declining for decades and has been sending manufacturing jobs away overseas.

788- viajar – to travel

Os caminhões **viajaram** pela estrada.
The trucks **travelled** along the road.

789- reforma – reform

Suas **reformas** foram criticadas por não irem longe o bastante.
Their **reforms** were criticized for not going far enough.

790- vento – wind

O **vento** é forte em volta dos arranha-céus.
The **wind** is strong around skyscrapers.

791- especializar – to specialize

Não há problema em começar uma universidade sem decidir sobre um curso maior, mas mais cedo ou mais tarde você precisa se **especializar**.
It's ok to start university without deciding on a major, but sooner or later you need to **specialize**.

792- saída – exit

Quando o jogo terminou, os espectadores caminharam na direção da **saída**.

When the game finished, the spectators made their way to the **exit**.

793- esquecer – to forget

Esqueci de lavar as roupas.
I **forgot** to wash the clothes.

794- adquirir – to acquire

Esse disco é raro e difícil de **adquirir**.
That record is rare and difficult to **acquire**.

795- pergunta – question

Eu tenho uma **pergunta** sobre o procedimento.
I have a **question** about the procedure.

796- boca – mouth

Ele abriu a **boca** para o dentista.
He opened his **mouth** for the dentist.

797- organização – organization

Nossa **organização** promove os direitos das mulheres.
Our **organisation** promotes women's rights.

798- poeta – poet

Vários **poetas** leram seus trabalhos na oficina.
Several **poets** read from their works at the workshop.

799- cargo – position, responsability

Steve espera por um **cargo** nas vendas.
Steve hopes for a **position** in sales.

800- capacidade – capacity

As impressoras 3D têm a **capacidade** de fabricar componentes de avião.

3D printers have the **capability** to manufacture airplane components.

801- cantar – to sing

Você tem uma linda voz e deveria **cantar** mais.

You have a beautiful voice and should **sing** more.

802- chefe – chief, boss

Se você quiser fazer um intervalo, peça ao **chefe**.

If you want to take a break, ask the **boss**.

803- exército – army

O **exército** tentou repelir as forças invasoras.

The **army** tried to repel the invading forces.

804- corrente – current, chain

Os tornozelos dos prisioneiros foram unidos com **correntes**.

The prisoners' ankles were bound together with **chains**.

805- festa – party, celebration

Eu vou dar uma **festa** hoje à noite.

I'm throwing a **party** tonight.

806- melhorar – to improve, make better

Trabalhamos com empenho para **melhorar** este website.

We worked hard **to improve** this website.

807- pensamento – thought

Acabei de ter um **pensamento**: E se trabalhássemos juntos?

I just had a **thought**: What if we work together?

808- limite – limit

O gado se espalhou até os **limites** mais distantes do cercado.
The cattle spread out to the far **limits** of the enclosure.

809- atender – to help, to serve

O gerente diz que a sua prioridade é **atender** seus clientes
The manager says that his first priority is **to serve** his customers.

810- profundo – deep, profound

O lago é muito **profundo** perto do centro.
The lake is very **deep** near the centre.

811- aula – class, lesson

Detesto **aula** de história.
I hate history **class**.

812- pesar – weigh

Essas maçãs **pesam** quase uma libra.
These apples **weigh** almost a pound.

813- ministério – ministry

Tom trabalhou no **Ministério** da Finança.
Tom worked in the **Ministry** of finance.

814- longe – far

Springfields é **longe** daqui.
Springfield is **far** from here.

815- estrutura – structure

A **estrutura** abrigava negócios no térreo.
The **structure** housed businesses on the ground floor.

816- aplicar – to apply

Por favor **aplique** filtro solar antes de sair.
Please **apply** sunscreen before going outside.

817- usar – to use

Qual é o **uso** deste programa?
What is the **use** of this programme?

818- conduzir – to lead, to conduct

Este guia **conduz** as pessoas pela cidade.
The tour guide **leads** the people through the city.

819- vermelho – red

O carro **vermelho** passou rapidamente.
The **red** car passed quickly.

820- pintura – painting

Ela gosta de escultura e **pintura**.
She enjoys sculpture and **painting**.

821- ramo – branch

Havia um cardeal empoleirado num **ramo** baixo da macieira.
Perched on a low **branch** in the apple tree was a cardinal.

822- cavalo – horse

Muitos vaqueiros andavam a **cavalo**.
Many cowboys rode **horses**.

823- índio – indian, Native American

Os **índios** que vivem em reservas podem não ter recursos educacionais.
Indians living on reservations may lack educational resources.

824- comercial – commercial

Marcos é um piloto de companhia aérea **comercial**.
Marcos is a pilot for a **commercial** airline.

825- técnico – technical, coach, technician

O **técnico** mostrou aos garotos como arremessar a bola.
The **coach** showed the boys how to throw the ball.

826- disco – record, disc

Gael vendeu todos os seus **discos** depois de digitalizá-los.
Gael sold all of his **discs** after he digitized them.

827- sujeito – subject

O **sujeito** tentou ficar parado enquanto os médicos olhavam para ele.
The **subject** tried to stay still while the doctors looked at him.

828- preocupar – to worry

Estamos **preocupados** com sua performance. Eu estou me preocupando com o crescimento do desemprego no país.
We're **worried** about your performance. I am worrying about increased unemployment in the country.

829- afastar – to walk away

Em vez de discutir comigo, ele simplesmente **afastou**-se.
Instead of arguing with me, he simply **walked away**.

830- metade – half

A **metade** de oito é quatro.
Half of eight is four.

831- direto – direct

Este é um caminho **direto** para o aeroporto.
This is a **direct** route to the airport.

832- respeitar – to respect

Como um escritor aspirante, eu **respeito** os autores publicados.
As an aspiring writer, I **respect** published authors.

833- linguagem – language

Java é uma **linguagem** de computador.
Java is a computer **language**.

834- união – union

A **união** desses países permite que façam negócios com mais liberdade um com o outro.
The **union** of these countries allows them to trade more freely with each other.

835- parede – wall

O que você quer botar nesta **parede**?
What do you want to put on this **wall**?

836- fogo – fire

O **fogo** produz calor e luz.
Fire produces heat and light.

837- arma – weapon, arm

Ela colocou a **arma** no seu coldre.
She put the **gun** in its holster.

838- advogado – lawyer, attorney

Os **advogados** normalmente se especializam em uma área específica do direito.
Attorneys usually specialize in one specific area of law.

839- cuidar – to take care

O Henrique vai **cuidar** dos preparativos de viagem.
Henrique will **take care** of the travel arrangements.

840- caixa – box, cash register

Duane abriu a **caixa** com a faca.
Duane opened the **box** with his knife.

841- familiar – familiar

Seu rosto parece **familiar**.
His face looks **familiar**.

842- completar – to complete

Vou **completar** a pintura por volta de sexta-feira.
I will **complete** the painting by Friday.

843- aluno – student, pupil

Ele é um **aluno** no colégio local.
He is a **student** at the local high school.

844- entretanto – meanwhile, however

O videogame é muito caro, **entretanto** vale a pena.
The videogame is very expensive; **however**, it is worth it.

845- revolução – revolution

A **revolução** americana começou em 1776.
The American **Revolution** began in 1776.

846- nota – note, grade, mark

Escrevi um **bilhete** para ele sobre a hora da reunião e deixei-o em sua mesa.

I wrote him a **note** about the meeting time and left it on his desk.

847- causar – to cause

Embora eu não quisesse **causar** lhe dor, senti que não tinha escolha a não ser lhe contar sobre a infidelidade de sua esposa.

Although I didn't want **to cause** him pain, I felt that I had no choice but to tell him about his wife's infidelity.

848- armado – armed, military

Um homem **armado** entrou na loja e exigiu dinheiro.

An **armed** man came into the shop and demanded money.

849- custo – cost

O **custo** do petróleo é muito alto.

The **cost** of petrol is very high.

850- procura – search

A **procura** pelo irmão dele continua.

The **search** for his brother continued.

851- escolha – choice

Ele precisa fazer uma **escolha** entre a maçã e a laranja.

He needs to make a **choice** between the apple and the orange.

852- literário – literary

Romances **literários** geralmente não são populares entre os jovens.

Literary novels aren't usually popular with young people.

853- responsável – responsible, person in charge

Sim, o João é uma pessoa **responsável**. Eu confio nele.

Yes, John is a **responsible** person. I trust him.

854- mesa – table

Coloque sua bebida na **mesa** ao lado do sofá.

Just put your drink on the **table** beside the sofa.

855- físico – physical, physicist

Os problemas **físicos** dela tornaram difícil a locomoção.

Her **physical** problems made it difficult to walk.

856- tamanho – size

O **tamanho** da casa era impressionantemente grande.

The **size** of the house was surprisingly large.

857- leitura – reading

A **leitura** é uma habilidade importante.

Reading is an important skill.

858- suficiente – suficient, enough

A caminhante se certificou de que tinha comida e água **suficientes** para sua caminhada de dois dias.

The hiker made sure she had **sufficient** food and water for her two-day hike.

859- aproximar – to approach, move closer

O veado começou a correr quando os lobos se **aproximaram**.

The deer began to run as the wolves **approached**.

860- data – date

A **data** de hoje é 14 de setembro.

Today's **date** is September 14.

861- pegar – to get, to grab, to catch

Bernardo precisa **pegar** um ônibus para vir da cidade.
Bernardo needs to **catch** a bus from town.

862- artigo – article

O **artigo** no jornal era justo e bem equilibrado.
The **article** in the newspaper was fair and well balanced.

863- oposição – opposition

Eles expressaram sua **oposição** ao plano protestando.
They expressed their **opposition** to the plan by protesting.

864- ponte – brigde

A **ponte** atravessava o rio.
The **bridge** crossed over the river.

865- menino –boy

Há dois **meninos** indo de bicicleta para fora.
There are two young **boys** riding their bikes outside.

866- fixar – to establish, to fix

Fixamos o preço em dezenove dólares a peça.
We **fixed** the price at nineteen dollars each.

867- automóvel – car, automobile

A maioria das famílias agora possui automóveis.
The majority of households now own automobiles.

868- absoluto – absolute

Sara recebeu liberdade **absoluta** para fazer como desejava.
Sara was given **absolute** freedom to do as she wished.

869- cara – face

A bola atingiu-o na **cara**.
The ball hit him in the **face**.

870- consequência – consequence

Uma **consequência** de possuir um caminhão é que todos pedem favores.
One **consequence** of owning a truck is that everyone asks for favors.

871- planta – plant

Nosso escritório tem muitas **plantas** de vaso.
Our office has a lot of potted **plants**.

872- importar - to care, to import

O cara de TI usou seu pen drive para **importar** os dados para o computador.
The IT guy used his flash drive to **import** the data to the computer.

873- caber – to fit

Esta camiseta **serve** em você ou é muito grande?
Does this shirt **fit** you, or is it too big?

874- perna – leg

Minha **perna** está doendo após a longa corrida.
My **leg** is hurting after the long race.

875- perspectiva – perspective

Perspectiva é a técnica que usam os artistas para que objetos distantes aparentem ser pequenos.
Perspective is a technique artists use to make distant objects appear small.

876- religioso – religious (person)

Ele era **religioso** devoto, insistindo que sua esposa também se convertesse.

He was devoutly **religious**, insisting that his wife also convert.

877- nove – nine

Meu filho consegue contar até **nove**.
My son can count up to **nine**.

878- concordar – to agree

Acho que deveríamos partir; você **concorda**?
I think we should leave; do you **agree**?

879- impor – to impose, enforce

O ditador **impôs** sua vontade ao povo.
The dictator **imposed** his will on the people.

880- exposição – exposition, display

Sua **exposição** sobre as principais características do prédio foi muito clara.

Her **exposition** of the building's main features was very clear.

881- interno – internal

Os eletrônicos eram todos **internos**. A máquina parecia só uma caixa.

The electronics were all **internal**; the machine just looked like a box.

882- setor – sector

A empresa faz muitos trabalhos nesse **setor**.
The company does a lot of work in this **sector**.

883- lutar – to fight

Eles vão **lutar** pelo campeonato dos pesos pesados.
They're going to **fight** for the heavyweight championship.

884- ideal – ideal

Num mundo **ideal**, todos seríamos saudáveis.
In an **ideal** world we would all be healthy.

885- substituir – substitute

A senhorita Juliana irá **substituir** a professora regular.
Ms. Juliana will **substitute** the regular teacher.

886- tendência – tendency

Ela tem **tendência** a gaguejar quando está cansada.
She has a **tendency** to stammer when she's tired.

887- governador – governor

Quantos estados têm **governadores** do sexo feminino ou de minorias?
How many states have female or minority **governors**?

888- funcionário – employee, worker

A empresa exige que todos os **funcionários** sigam as regras estabelecidas no manual dos funcionários.
The company requires all **employees** to follow the rules set out in the staff handbook.

889- roda – wheel

A **roda** ao lado do moinho estava girando.
The **wheel** beside the mill was turning.

890- candidato – candidate

Vários **candidatos** participaram do debate.
Several of the **candidates** took part in the debate.

891- compor – to compose, to consist of

Mozart **compôs** diversas óperas.
Mozart **composed** numerous operas.

892- costumar – to be used to, to have the habit of

Ele **costuma** andar de bicicleta.
He **has the habit** of riding a bicycle.

893- impressão – impresion, printing

A visita a casa deixou Vivian com uma má **impressão** do lugar.
The tour of the house left Vivian with a bad **impression** of the place.

894- hipótese – hypothesis

Ouça a **hipótese** dela e veja se você concorda.
Listen to her **hypotnhesis** and see if you agree.

895- verão – summer

Gostamos de ir à praia no **verão**.
We like to go to the beach in the **summer**.

896- cobrir – to cover

Cubra o seu corpo para não sentir frio.
Cover your body so you don't feel the cold air.

897- refletir – to reflect

Um visor **reflete** o calor do sol.
A visor **reflects** the sun's heat.

898- anunciar – to announce

Eles vão **anunciar** os vencedores do sorteio às 11 horas.
They will **announce** the winners of the raffle at 11:00.

899- dispor – to possess, have, use

Os discos ópticos **dispõem** de capacidade de armazenamento.
Optical discs **possess** storage capacity.

900- violência – violence

A **violência** da tempestade deixou vários prédios danificados.
The **violence** of the storm left several buildings damaged.

901- virar – to turn, become

A cabeça do homem **virou** e ele me viu.
The man's head **turned** and he spotted me.

902- seguro – secure, safe, insurance

Vivemos numa vizinhança **segura**.
We live in a **safe** neighbourhood.

903- instituição – institution

Diversas **instituições** educacionais estão aceitando inscrições.
Several educational **institutions** are accepting applications.

904- exercer – to exert, to exercise

O presidente executivo do hospital **exerceu** sua autoridade para
fazer com que o paciente fosse tratado antes.
The CEO of the hospital **exerted** his authority to get the patient
treated sooner.

905- durar – to last

As espécies em extinção não devem **durar** ao século XXI.
The endangered species are not expected **to last** through the 21st century.

906- perguntar – to ask (a question)

A professora disse aos alunos: "Se você não entende o material, **pergunte!**".
The teacher said to her students, "If you don't understand the material, please **ask** a question!".

907- café – coffee

Eu tomo uma xícara de **café** todas as manhãs.
I have a cup of **coffee** every morning.

908- financeiro – financial

Ele estava quase falido e precisava com urgência de assistência **financeira**.
He was almost bankrupt and needed urgent **financial** advice.

909- abaixo – below, beneath, under

O vinho tinto nunca deve ser servido **abaixo** da temperatura ambiente.
Red wine should never be served **below** room temperature.

910- fotografia – photograph, photography

Diego tem **fotografias** de sua família penduradas na parede.
Diego has **photographs** of his family hanging on the wall.

911- conhecido – known

É um **conhecido** assassino em série.
He is a **known** serial killer.

912- utilizar – to use

Foram **utilizados** dois métodos para fazer uma estimativa da população.

Two methods were **used** to estimate the population.

913- vantagem – advantage

Uma **vantagem** desta equipe é a nossa flexibilidade.

One **advantage** of this team is our flexibility.

914- regime – regime, diet

As pessoas estão muito infelizes e querem derrubar o **regime**.

The people are very unhappy and want to overthrow the **regime**.

915- sítio – site, place, small farm

Este **sítio** está online há seis anos.

This **site** has been online for six years.

916- citar – to cite, to quote

Antônio gosta de **citar** Shakespeare.

Anthony likes to **quote** Shakespeare.

917- tradição – tradition

A **tradição** aqui é de as mulheres se juntarem às famílias de seus maridos.

The **tradition** here is for wives to join their husband's families.

918- alcançar – to reach, attain

Estamos muito perto de **alcançar** nossa meta de levantar dois milhões de dólares.

We are so close **to attaining** our goal of raising two million dollars.

919- desenvolvimento – development

O **desenvolvimento** duma base industrial é crucial para a nação.
The **development** of an industrial base is crucial for the nation.

920- sonho – dream

O novo carro esportivo dele é um **sonho**!
His new sportscar is a **dream**!

921- jardim – garden

Plantei algumas tulipas no **jardim** da frente da minha casa.
I've planted some tulips in the **garden** in front of the house.

922- assembleia – assembly

Júlio cantou um solo diante da **assembleia**.
Julio sang a solo before the **assembly**.

923- corte – cut

Acontece muito **corte** e colagem em uma turma de jardim da infância.
A lot of **cutting** and pasting happens in a kindergarten classroom.

924- estrela – star

O Sol é uma de muitas **estrelas**.
The Sun is one of many **stars**.

925- impossível – impossible

É **impossível** fazer tanto trabalho em um dia.
It's **impossible** to do that much work in one day.

926- determinado – determined, certain

Quando quero alguma coisa, posso ser muito **determinado**.
When I want something, I can be very **determined**.

927- faculdade – college, faculty

Você foi para a **faculdade** ou começou a trabalhar depois do ensino médio?

Did you go to **college** or start working after high school?

928- voto – vote, vow

Dou o meu **voto** para o atual presidente.

I cast my **vote** for the sitting president.

929- estudante – student

Ele é um **estudante** no colégio local.

He is a **student** at the local high school.

930- padre – priest, father (religious)

O **padre** liderou a congregação em oração.

The **priest** led the congregation in prayer.

931- média – average, middle (class)

Minha pontuação no golfe é uma **média** de todas as pontuações nos jogos.

My golf score is an **average** of all my game scores.

932- exterior – outside, exterior

Com qual cor você vai pintar o **exterior**?

What colour are you going to paint the **exterior**?

933- associação – association, organization

A **associação** realiza encontros em quintas alternadas.

The **association** holds meetings every other Thursday.

934- comunidade – community

A **comunidade** estava indignada com o assassinato.

The **community** was outraged by the murder.

935- simplesmente – simply

A jovem menina estava vestida **simplesmente**.
The young girl was **simply** dressed.

936- notícia – news

Ouviu as **notícias** hoje? Houve um terremoto no Japão.
Have you heard the **news** today? There was an earthquake in
Japan.

937- desaparecer – disappear

Com um movimento da capa, o mágico **desapareceu**
completamente.
With a sweep of his cape, the magician **disappeared** entirely.

938- cão – dog

Ela ganhou um **cão** de Natal.
She got a **dog** for Christmas.

939- sede – thirst

Era um dia quente e a **sede** de Sandoval estava ficando mais
intensa.
It was a hot day and Sandoval's **thirst** was growing more intense.

940- transporte – transportation

O sistema de **transporte** público da cidade de Nova York inclui
metrô e ônibus.
New York City's public **transportation** system includes both
subways and buses.

941- cedo – early, soon

Eu acordo **cedo** de manhã.
I get up **early** in the morning.

942- ensinar – to teach

Luís quer **ensinar** Física.

Luis wants **to teach** physics.

943- perante – before (in front of)

Eles realizaram um concerto a céu aberto **perante** uma enorme audiência.

They performed an open-air concert **before** a huge audience.

944- renda – income

Sua **renda** anual é alta.

He has a very high annual **income**.

945- casamento – marriage

A instituição do **casamento** não mudou muito nos últimos séculos.

The institution of **marriage** has changed little over the centuries.

946- semelhante – similar

A cara do pai e a do filho são **semelhantes**.

The faces of the father and the son are **similar**.

947- amarelo – yellow

Você fica bem de **amarelo**.

You look good in **yellow**.

948- enfrentar – to face, confront

Natan estava relutante em **enfrentar** seu chefe sobre o problema.

Natan was reluctant **to face** his boss about the problem.

949- moral – moral, ethics, morale

A **moral** da história é sempre ser honesto.

The **moral** of the story is to always be honest.

950- cruz – cross

A igreja estava repleta de **cruzes**.
The church was filled with **crosses**.

951- convidar – to invite

Aaron está dando uma festa neste final de semana e **convidou** todos os amigos dele.
Aaron is having a party this weekend and has **invited** all his friends.

952- distância – distance

A **distância** entre os postes é cerca de vinte metros.
The **distance** between the poles is about twenty metres.

953- caráter – personality, character

Nossos empregados são pessoas de bom **caráter**.
Our employees are people of good **character**.

954- nação – nation

Quantas **nações** compõem a América?
How many **nations** make up America?

955- prazo – deadline, term, amount of time

O **prazo** para o seu ensaio é 10 de maio.
The **deadline** for your essays is May 10th.

956- separar – to separate

A professora **separou** os meninos e as meninas.
The teacher **separated** the boys and the girls.

957- pior – worse, worst

Essa é a **pior** coisa que tu poderias dizer.
That's the **worst** thing you could say.

958- rapaz – young man, guy

Há um **rapaz** na esquina vendendo sorvete.
There is a **guy** on the corner selling ice cream.

959- braço – arm

Ele machucou o **braço** jogando tênis.
He hurt his **arm** playing tennis.

960- prêmio – prize

O vencedor dessa competição receberá um **prêmio** de 500 reais.
The winner of this competition will receive a **prize** of R$500.

961- atravessar – to cross, to pass

Ele **atravessou** a rua quando o tráfego parou.
He **crossed** the street when the traffic stopped.

962- batalha – battle

O exército perdeu uma importante **batalha**, mas venceu a guerra.
The army lost an important **battle**, but won the war.

963- reação – reaction

A **reação** de Mark ao completar cinquenta anos foi sair e comprar um carro esportivo.
Mark's **reaction** to turning fifty was to go out and buy a sport car.

964- acesso – access

Você tem **acesso** à sala dos computadores?
Do you have **access** to the computer room?

965- tratamento – treatment

Ele foi para o hospital para **tratamento**.
He went into hospital for **treatment**.

966- salvar – to save

O grupo de busca **salvou** os sobreviventes.
The search group **saved** the survivors.

967- membro – member

Eu quero ser um **membro** do clube.
I want to be a **member** of the club.

968- gosto – taste, preference

O **gosto** é bom, mas muito doce.
The **taste** is good, but very sweet.

969- atrair – to attract

O número de malabarismo do palhaço **atraiu** uma multidão.
The clown's juggling act **attracted** a crowd.

970- profissão – profession

Quais **profissões** oferecem mais segurança atualmente?
Which **professions** offer the best job security today?

971- poesia – poetry

A **poesia** dessa obra é muito prazerosa.
The **poetry** of this piece of writing is very pleasing.

972- busca – search

Ela fez uma **busca** pelo termo " carpe diem" para descobrir o que significava.
She did a **search** on the term " carpe diem" to find out what it meant.

973- ator – actor

Morgan Freeman é meu **ator** favorito e eu vi todos os filmes dele.
Morgan Freeman is my favourite **actor** and I've seen all of his films.

974- limitar – to limit

As cortes nos EUA deveriam **limitar** o poder do presidente e do Congresso.
The courts in the US are supposed **to limit** the power of the president and Congress.

975- novamente – again

Foi legal! Vamos fazer **novamente**.
That was fun! Let's do it **again**.

976- página – page

Ela virou as **páginas** de sua revista.
She turned the **pages** of her magazine.

977- permanecer – to stay, to remain

Fique aqui e não se mova.
Stay here and don't move.

978- desejo – desire

Ele não tinha **desejo** de visitar Cancun.
He had no **desire** to visit Cancun.

979- destino – destination

O **destino** do trem era Londres.
The train's **destination** was London.

980- espanhol – Spanish

Os verbos **espanhóis** podem ser bem difíceis.
Spanish verbs can be quite difficult.

981- marca – brand name, mark

Ao cair, a cadeira deixou uma **marca** na parede.
The falling chair left a **mark** on the wall.

982- conter – to contain

A caixa **contém** duas garrafas.
The box **contains** two bottles.

983- vinho – wine

Serviram **vinho** no jantar de comemoração.
They served **wine** at the celebration dinner.

984- quente – hot

O chá estava **quente**, então ela esperou antes de tomá-lo.
The tea was **hot**, so she waited before drinking it.

985- trás – back, behind

O governo suspeita que os terroristas estão por **trás** dos ataques.
The government suspects that terrorists are **behind** the attacks.

986- ato – act

O resgate foi o **ato** de um homem corajoso.
The rescue was the **act** of a brave man.

987- ligação – connection, phone call

As irmãs têm uma **ligação** verdadeira.
The two sisters have a real **connection**.

988- intelectual – intellectual

Sua abordagem **intelectual** do problema negligenciou aspectos práticos.

Their **intellectual** approach to the problem overlooked practical aspects.

989- tom – tone, sound

Cada instrumento tem seu próprio **tom**.

Each instrument has its own **tone**.

990- estender – to extend, to stretch

A assembleia legislativa **estendeu** o tempo de votação em mais 15 minutos.

The legislature **extended** the voting time by 15 minutes.

991- visitar – to visit

Meus pais estão vindo nos **visitar**.

My parents are coming **to visit** us.

992- bastar – to be enough, to suffice

Obrigado por seu trabalho duro; isso **basta** por hoje.

Thank you for all your hard work; that will **suffice** for today.

993- cidadão – citizen

Gabriel quer se tornar um **cidadão** do Brasil.

Gabriel wants to become a **citizen** of Brazil.

994- companheiro – companion, colleague

Os dois homens têm sido **companheiros** desde que eles foram para a escola juntos.

The two men have been **companions** since they were in school together.

995- acreditar – to belive

Acredito que Deus existe.
I **believe** God exists.

996- ouro – gold

O anel dela é feito de **ouro**.
Her ring is made of **gold**.

997- elétrico – eletric

A indústria automobilística precisa desenvolver um carro **elétrico** econômico.
The auto industry needs to develop a cost-effective **electric** car.

998- seco – dry

A cadeira estava **seca** porque não estava na chuva.
The chair was **dry** because it was not in the rain.

999- fábrica – factory

A **fábrica** foi modificada para a fabricação de rifles.
The **factory** has been modified for the fabrication of rifles.

1000- acrescentar – to add

A família **acrescentou** uma extensão na casa.
The family **added** an extension to their home.

1001- juiz – judge, referee

Ela era a **juíza** no julgamento recentemente televisionado.
She was the **judge** in the recently televised trial.

1002- original – original

Eu gosto de Yasmin porque ela é **original**, sempre está fazendo coisas diferentes.

I like Yamsin because she's **original**; she's always doing odd things.

1003- dívida – debt

Uma **dívida** pode causar muito estresse se você tiver dificuldade em pagá-la.
Debt can cause a lot of stress if you have difficulty paying it back.

1004- chão – ground, floor

Ele varre o **chão** da sala uma vez por dia.
He sweeps the **floor** of the room once a day.

1005- eleger – to elect, to choose

Os eleitores do país **elegeram** sua primeira presidente mulher.
Voters in the country have **elected** their first female president.

1006- tentativa – attempt

Haverá uma nova **tentativa** de bater o recorde este ano.
There will be a fresh **attempt** to break the record this year.

1007- alemão – German

Você fala **alemão**?
Do you speak **German**?

1008- baixar – to lower, go down

Ele **baixou** a caixa da estante.
He **lowered** the box from the shelf.

1009- praia – beach

A Ilha de Wight tem mais de sessenta quilômetros de **praia**.
The Isle of Wight has over sixty kilometers of **beach**.

1010- Ajuda – help

Posso lhe dar uma **ajuda**?
Can I **help** you?

1011- navio – ship

O **navio** deveria chegar no dia 12 de janeiro.
The **ship** should arrive on January 12.

1012- lista – list

Tenho uma **lista** de vinte coisas que preciso comprar.
I have a **list** of twenty things I need to buy.

.

1013- torre – tower

Eles ergueram uma **torre** de telefonia celular perto da escola local.
They erected a mobile phone **tower** next to the local school.

1014- pele – skin

A **pele** dele está muito vermelha por causa de sol em excesso.
His **skin** is so red from too much sun.

1015- perigo – danger

O soldado desconsiderou o **perigo** óbvio e correu para a linha de frente.
The soldier ignored the obvious **danger** and ran through the front lines.

1016- céu – sky, heaven

Não há nuvens no **céu** hoje.
There are no clouds in the **sky** today.

1017- diário – diary, journal, daily

Bernardo escreve em seu **diário** todos os dias.
Bernard writes in his **diary** every day.

1018- juros – interest (financial)

Essa conta bancária gera **juros** de 0,05% ao ano.
This bank account gives 0,05% **interest** per year.

1019- comparar – compare

Nós **comparamos** os resultados com aqueles dos testes anteriores.
We **compared** the results to those of previous tests.

1020- cuidado – caution, care

Tenha extremo **cuidado** quando atravessar uma rua movimentada.
Use extreme **caution** when you cross a busy street.

1021- imposto – tax, imposed

O governo precisa aumentar os **impostos**.
The government needs to raise **taxes**.

1022- recusar – to refuse

A Sra. Naná **recusou** a oferta dele de ajudá-la com as bolsas.
Mrs. Naná **refused** his offer to help her with her bags.

1023- bola – ball

Jogue-me a **bola**.
Throw me the **ball**.

1024- demonstrar – to demonstrate

Ele **demonstrou** como operar a máquina.
He **demonstrated** how to operate the machine.

1025- regressar – to return

Eu sempre **regresso** à cidade na qual cresci.
I often **return** to the town I grew up in.

1026- técnica – technique

Carol mostrou à sua filha a **técnica** de corte de lenha.
Carol showed her daughter the **technique** for cutting firewood.

1027- volume – volume

O engenheiro olhou para o **volume** de trabalho que tinha que
fazer naquela semana e se indagou sobre como faria tudo.
The designer looked at the **volume** of work he had to do that
week and wondered how he would ever get it all done.

1028- desenho – drawing

Gosto dos **desenhos** de Picasso sobre toureiros.
I like Picasso's **drawings** of bullfighters.

1029- domínio – dominion, domain, dominance

Mudanças na legislação não se enquadram no **domínio** do
tribunal.
Changes to the law are not within the **domain** of the court.

1030- dominar – to dominate

Foi uma luta, mas Veronica **dominar** suas emoções.
It was a struggle, but Verônica managed to **dominate** her
emotions.

1031- congresso – congress

O **congresso** dos bispos é realizado a cada dois anos.
The **congress** of bishops is held every two years.

146

1032- secretário – secretary

Fiona pediu para seu **secretário** digitar suas anotações da reunião.
Fiona asked her **secretary** to type up her notes from the meeting.

1033- roupa – clothing, clothes

As **roupas** dela estavam molhadas depois que ela foi pega na
tempestade.
Her **clothes** were wet after she got caught in the storm.

1034- documento – document

Por favor, certifique-se de trazer consigo para o aeroporto todos os
seus **documentos** de viagem.
Please ensure you bring all your travel **documents** with you to the
airport.

1035- acusar – to accuse

Pense você ou não que eu cometi o crime, não pode me **acusar**
sem ter prova.
Whether or not you think I committed the crime, you can't **accuse**
me without proof.

1036- puro – pure

Ouro **puro** é delicado demais para fazer jóias e precisa ser
misturado com outros metais.
Pure gold is too soft to be made into jewellery and has to be mixed
with other metals.

1037- negar – to deny

Ela **negou** estar devendo o aluguel para sua companheira de
quarto gananciosa.
She **denied** owing rent money to her greedy roommate.

1038- identificar – to identify

A testemunha **identificou** o criminoso.
The witness **identified** the criminal.

1039- totalmente – totally

O homem era **totalmente** cego; ele não podia ver nada.
The man was **totally** blind; he couldn't see at all.

1040- clássico – classic

Mantenha um visual **clássico** e estará sempre na moda.
Stick to a **classic** look and you'll always be in style.

1041- transmitir – to transmit

O governo **transmitiu** uma mensagem oficial aos seus aliados.
The government **transmitted** an official message to its allies.

1042- ritmo – rhythm

O **ritmo** da música fez todos baterem com seus pés.
The **rhythm** of the music made everyone tap their feet.

1043- edifício – building, edifice

Este **edifício** pode resistir a um terremoto.
This **building** can withstand an earthquake.

1044- corresponder – to correspond (to)

Certifique-se de que os itens na caixa **correspondam** à fatura.
Make sure that the items in the box **correspond** to the invoice.

1045- concepção – concept, conception

A **concepção** da ideia do filme chegou ao realizador em sonho.
The **conception** of the idea for the movie came to the director in a dream.

1046- barco – boat, ship

Janaína gosta de observar os **barcos** no lago.
Janaína likes to watch the **boats** on the lake.

1047- prazer – pleasure

Samira sente **prazer** quando come chocolate.
Eating chocolate brings Samira great **pleasure**.

1048- propriedade – property

Esta impressora é de minha **propriedade**.
This printer is my **property**.

1049- estação – season, station

O verão sempre foi minha **estação** favorita.
Summer has always been my favourite **season**.

1050- fundamental – fundamental

O regime não demonstra nenhum respeito por direitos humanos
fundamentais.
The regime shows no respect for **fundamental** human rights.

1051- fazenda – farm, fabric

A **fazenda** da família se estendia por mais de 500 hectares de
terra.
The **family** farm covered almost five hundred hectares of land.

1052- conceito – concept

Eu tenho um novo **conceito** interessante sobre educação.
I have an interesting new **concept** about education.

1053- alma – soul

Quando você morre, sua **alma** vai para o céu.
When you die, your **soul** goes to heaven.

1054- ensino – education, teaching

João descobriu que o **ensino** de técnicas de carpintaria era mais difícil do que havia pensado.
John discovered that the **teaching** of woodworking techniques was more difficult than he had thought.

1055- imprensa – press

The President spent an hour briefing the **press** on his latest policy.
O presidente passou uma hora informando à **imprensa** sobre o seu último programa político.

1056- confiança – confidence, trust

Sua **confiança** o ajudou a ter sucesso.
His **confidence** helped him succeed.

1057- carga – load, cargo, baggage

Ela carregou a **carga** pesada colina acima.
She carried the heavy **load** up the hill.

1058- rapidamente – quickly, fast

O governo agiu **rapidamente** para resgatar as vítimas da enchente.
The government moved **quickly** to rescue the flood victims.

1059- guardar – to keep, to guard

Não beba toda a água. Temos de **guardar** um pouco para amanhã.
Don't drink all the water. We need **to keep** some for tomorrow.

1060- federal – federal

Várias agências **federais** possuem escritórios no centro da cidade.
Several **Federal** agencies have offices in the downtown area.

1061- grosso – thick, coarse, rude

Dava para ver que era de boa qualidade porque o vidro era **grosso**.

You could see that it was good quality because the glass was **thick**.

1062- teoria – theory

O cientista testou a **teoria**.
The scientist tested her **theory**.

1063- católico – catholic

Onde é a igreja **católica** mais próxima?
Where's the nearest **Catholic** church?

1064- instalar – to establish, to install

Os trabalhadores estão vindo **instalar** painéis solares hoje.
Workers are coming **to install** the solar panels today.

1065- par – pair

Não se pode comprar um pé do sapato, somente o **par**.
One cannot buy a single shoe, one must buy a **pair**.

1066- futebol – soccer

Pelé jogou **futebol** pela seleção brasileira.
Pele played **soccer** for Brazil.

1067- privado – private, deprived

Voaram para América em um jato **privado**.
They flew to America on a **private** jet.

1068- ataque – attack

O **ataque** deixou-o com o nariz quebrado.
The **attack** left him with a broken nose.

1069- gerar – to create, generate

Isso **gera** um problema para você?
Does that **create** a problem for you?

1070- praticar – to practice

As crianças de seis anos **praticaram** escrever a letra C.
The six year olds **practiced** writing the letter C.

1071- museu – museum

Já foi ao novo **museu** de arte moderna?
Have you been to the new modern art **museum**?

1072- pesquisa – study, research

O cientista está conduzindo uma **pesquisa**.
The scientist is conducting **research**.

1073- finalmente – finally

Nós **finalmente** chegamos em casa após a meia noite.
We **finally** made it home after midnight.

1074- leitor – reader

O **leitor** de código de barras revolucionou o supermercado.
The bar code **reader** revolutionized the grocery store.

1075- positivo – positive

Karen pediu Ricardo em casamento e estava esperando uma
resposta **positiva**.
Karen has asked Richard to marry her and is hoping for a **positive**
answer.

1076- vizinho – neighbor

Acabamos de nos mudar, então não conhecemos os **vizinhos** ainda.

We just moved here so we haven't met the **neighbors** yet.

1077- ocasião – occasion

John chegou atrasado no trabalho em várias **ocasiões**.

John has arrived late to work on several **occasions**.

1078- quantidade – quantity

Qual **quantidade** você gostaria?

What **quantity** would you like?

1079- diminuir – to go down, to diminish, to reduce

O vento **diminuiu** e o mar se acalmou.

The wind **diminished** and the sea grew calm.

1080- general – general

O **general** ordenou que os sargentos avançassem.

The **general** told his sergeants to advance.

1081- montar – to assemble, to ride (a horse)

Christina estava orgulhosa de ter **montado** a penteadeira sozinha.

Christina was proud that she had **assembled** the dresser by herself.

1082- alterar – to alter

A noiva gostaria de **alterar** a disposição dos lugares.

The bride would like **to alter** the seating arrangements.

1083- científico – scientific

Gosto de me atualizar com os avanços **científicos** no noticiário.
I like to keep up with **scientific** advances in the news.

1084- mestre – master, teacher

Ele é **mestre** em consertar carros velhos.
He is the **master** at fixing old cars.

1085- missão – mission

Ana tinha como **missão** tirar nota máxima em todas as matérias.
Ana made it his **mission** to ace all of her classes.

1086- imediato – immediate

A resposta à pergunta foi **imediata**.
The response to the question was **immediate**.

1087- contrato – contract

A companhia tem um **contrato** com o fornecedor.
The company has a **contract** with the supplier.

1088- frase – phrase

Algumas pessoas acham a **frase** "no final das contas" muito
irritante.
Some people find the **phrase** "at the end of the day" very
annoying.

1089- independente – independent

Este é um sistema **independente** e continuará a funcionar se todo
o resto colapsar.
This is an **independent** system and will continue to work if
everything else breaks down.

1090- soldado – soldier

Os **soldados** marcharam para a guerra.
The **soldiers** marched off to war.

1091- pressão – pressure

A **pressão** da água da casa era muito baixa, dificultando o uso do chuveiro.
The house had very low water **pressure**, making showering difficult.

1092- avião – airplane

Os passageiros embarcaram no **avião** de maneira organizada.
The passengers boarded the **airplane** in an orderly manner.

1093- colega – colleague, friend, classmate

Eu almocei com dois **colegas** hoje.
I had lunch with two **colleagues** today.

1094- órgão – institution, organ

Você vai doar seus **orgãos** após a morte?
Are you going to donate your **organs** after death?

1095- equipamento – equipment

A ambulância carrega muito equipamento médico
The ambulance carries a lot of medical **equipment**.

1096- descer – to descend, to go down

A neve começou a cair e decidimos que era melhor **descer**.
The snow began falling and we decided we had better **descend**.

1097- jornalista – journalist

Nenhum **jornalista** estava no local para relatar o fogo.
No **journalists** were on the scene to report on the blaze.

1098- ponta – tip, point, end

Ela está bem na **ponta** do cais.
She is at the far **tip** of the pier.

1099- propósito – purpose

Qual é o **propósito** da ida até a loja?
What is the **purpose** of this trip to the store?

1100- irmã – sister

Minha **irmã** vive nesta cidade.
My **sister** lives in the city.

1101- ovo – egg

Ela comeu dois **ovos** cozidos no café da manhã.
She ate two boiled **eggs** for breakfast.

1102- iniciativa – iniciative

Gustavo era o único com **iniciativa** e poder para resolver o problema.
Gustavo was the only one with the **initiative** and power to solve the problem.

1103- legal – legal

É **legal** dizer o que você gosta num espaço público.
It is **legal** to say what you like in a public space.

1104- dor – pain

Depois do jogo sentiu uma **dor** na perna.
He had a **pain** in his leg after the game.

1105- referência – reference, referral

O erudito consultou várias **referências**, inclusive glossários especializados.

The scholar consulted many **references**, including specialized glossaries.

1106- imenso – immense

O **imenso** balão é maior do que ela.
The **immense** balloon is bigger than she is.

1107- destacar – to stand out, to highlight

Ela **destacou** a frase com seu marca-texto amarelo.
She **highlighted** the sentence with her yellow marker.

1108- grau – degree

Quinze **graus** Celsius equivalem aproximadamente a sessenta graus Fahrenheit.
Fifteen **degrees** Celsius is roughly equivalent to sixty degrees Fahrenheit.

1109- chuva – rain

A **chuva** está caindo pesadamente.
The **rain** is falling hard.

1110- praça – square, plaza

A **praça** era popular entre os turistas por causa dos cafés e edifícios que a cercavam.
The **square** was popular with the tourists because of its cafes and surrounding buildings.

1111- engenheiro – engineer

Precisamos de um **engenheiro** de telecomunicações para consertar o problema.
We had to call out a broadband **engineer** to fix the problem.

1112- agir – to act

Achei que ele estivesse doente, porque estava **agindo** de modo estranho.

I thought he was ill, as he was **acting** strangely.

1113- proteger – to protect

Os guarda-costas **protegeram** o primeiro ministro.
The bodyguards **protected** the prime minister.

1114- atribuir – to attribute

A que você **atribui** o seu rápido sucesso enquanto cantor?
To what do you **attribute** your early success as a singer?

1115- religião – religion

Esta **religião** tem um único deus.
This **religion** has only one god.

1116- analisar – to analyze

A terapeuta **analisou** sua paciente.
The therapist **analyzed** her patient.

1117- hábito – habit

Jussara tem o **hábito** de coçar a orelha sempre que está mentindo.
Jussara has a **habit** of scratching her ear whenever she is lying.

1118- quinto – fifth

João foi a **quinta** pessoa na lista.
John was the **fifth** person on the list.

1119- destruir – to destroy

Isso **destruiu** qualquer ideia que ele tinha de ir à faculdade.
It **destroyed** any idea he had of going to college.

1120- compra – purchase

No final de sua viagem de compras, ele ficou muito satisfeito com suas **compras**.
At the end of his shopping trip, he was very pleased with his **purchases**.

1121- atacar – to attack

Os ladrões o **atacaram** na rua.
The robbers **attacked** him in the street.

1122- combate – fight, combat

Um **combate** estourou ao longo da fronteira.
A **fight** broke out along the border.

1123- avaliar – to evaluate, to assess

O conselho **avaliou** os candidatos ao emprego.
The board **evaluated** the candidates for the job.

1124- dono – owner, boss

Quem é o **dono** daquele carro?
Who is the **owner** of that car?

1125- trocar – to change, to exchange, to switch

Um dos cozinheiros, bravo com os baixos salários, **trocou** o sal e açúcar.
One of the line cooks, angry about his low wages, **switched** the salt and sugar.

1126- acontecimento – event, happening

Recentes **acontecimentos** mundiais têm sido bastante preocupantes.
Recent world **events** have been quite worrying.

159

1127- policial – police (force), policeman

Um **policial** prendeu o suspeito nas proximidades.
A **policeman** apprehended the suspect nearby.

1128- recente – recent

Sua **recente** visita a Singapura foi um sucesso.
His **recent** trip to Singapore was a success.

1129- custar – to cost

Este livro **custa** dez dólares.
This book **costs** ten dollars.

1130- enviar – to send

Ele **enviou** a mensagem a seu amigo.
He **sent** the message to his friend.

1131- onda – wave

As **ondas** do mar balançavam o barco.
The **ocean** waves rocked the boat.

1132- entrevista – interview

Ele vestiu um terno para a **entrevista** na empresa.
He put on a suit for the **interview** with the company.

1133- imediatamente – immediately

Pediu uma bebida **imediatamente** após entrar no bar.
He ordered a drink **immediately** after entering the pub.

1134- declarar – to declare

O presidente **declarou** sua renúncia.
The president **declared** his resignation.

1135- afinal – finally, at last, in the end

Ele terminou o trabalho **afinal**.
He finished his work **in the end**.

1136- beleza – beauty

Há **beleza** nas matas durante o inverno.
There is **beauty** in the woods in wintertime.

1137- mina – mine

A **mina** de diamantes era controlada pelos insurgentes.
The diamond **mine** was controlled by the rebels.

1138- bonito – beautiful, pretty, handsome

É um homem **bonito**.
He is a **handsome** man.

1139- raro – rare

Os eclipses são **raros**.
Eclipses are **rare**.

1140- evidente – clear

É **evidente** para mim que você nunca leu o livro.
It's **clear** to me that you never read the book.

1141- esperança – hope

Minha **esperança** é que você tenha sucesso trabalhando arduamente.
My **hope** is that you will succeed by hard work.

1142- aparelho – device, apparatus

O **aparelho** futurista varre o chão por si só.
This futuristic **device** sweeps the floors by itself.

1143- diálogo – dialogue

Nós começamos um **diálogo** que continuou até tarde da noite.
We started a **dialogue** that kept us up late into the night.

1144- conversar – to talk, to converse

Ela **conversa** com seus animais de estimação embora eles não consigam responder.
She **talks** to her pets even though they can't respond.

1145- inverno – winter

Este foi um dos **invernos** mais frios já registrados.
It was one of the coldest **winters** on record.

1146- vítima – victim

As **vítimas** do acidente foram levadas aos hospitais locais.
Victims of the crash were taken to local hospitals.

1147- cliente – customer, client

Ele realmente é um **cliente** muito bom e tem vindo aqui há anos.
He's a really good **customer** and has been coming here for years.

1148- contribuir – to contribute

Entre no site da instituição de caridade se você quiser **contribuir**.
Log on to the charity's website if you want to **contribute**.

1149- atualmente – currently, nowadays

Atualmente, as casas são muito mais baratas que antes de 2008.
Nowadays houses are much cheaper than before 2008.

1150- fio – strand, wire

Maria puxou um **fio** solto de sua saia.
Maria picked a loose **strand** of thread off her skirt.

1151- tropa – army

A **tropa** tentou repelir as forças invasoras.
The **army** tried to repel the invading forces.

1152- unidade – unit

Daniela desmontou a máquina, tendo cuidado de rotular cada
unidade para que pudesse montá-las de volta.
Daniela took the machine apart, being careful to label each **unit**,
so she would be able to put it back together again.

1153- estranho – strange, uncommon

Um dos docinhos tinha uma forma **estranha**.
One of the pastries had a **strange** shape.

1154- característica – characteristic

Ela tem algumas **características** que a distinguem na multidão.
She has some **characteristics** that make her stand out from the
crowd.

1155- fronteira – border, frontier

A **fronteira** entre os dois países era demarcada por uma cerca.
The **border** between the two countries was marked by a fence.

1156- organizar – to organize

Bruno está **organizando** a festa de aniversário de cinquenta anos
de Julia.
Bruno is **organising** Julia's fiftieth birthday party.

1157- carregar – to carry, to transport

Você pode **carregar** esta mesa da cozinha para a sala de jantar?
Could you **carry** this table from the kitchen to the dining room?

1158- contudo – however, although

A televisão é muito cara, **contudo** vale a pena.

The television is very expensive; **however**, it is worth it.

1159- intervenção – intervention

A **intervenção** do chefe no departamento finalmente levou a algumas mudanças positivas.

The boss' **intervention** with the department head finally led to some positive changes.

1160- poder – power

Ele usou o machado com muita **força**, separando o tronco com um único golpe.

He used the sledgehammer with great **power**, splitting the log with a single blow.

1161- naturalmente – naturally

O banheiro é um lugar **naturalmente** sujo.

The bathroom is a **naturally** dirty place.

1162- sensação – sensation

Eu tive uma súbita **sensação** de que eu estava lá antes.

I had a sudden **sensation** that I'd been there before.

1163- doce – sweet, candy

Esta sobremesa é muito **doce**.

This dessert is very **sweet**.

1164- sugerir – to suggest

Não quero **sugerir** que tu és estúpido.

I do not wish **to suggest** that you are stupid.

1165- cadeia – chain, sequence

Esta cidade tem mais **cadeias** do que lojas de donos independentes.
This city has more **chains** than independently-owned shops.

1166- colégio – high school, private school

O **colégio** tem um novo professor de português.
The **high school** has a new Portuguese teacher.

1167- moda – fashion, style

Sapatos de bico são a **moda** este ano.
Pointy shoes are the **fashion** this year.

1168- gado – cattle

A fazenda ao lado tem **gado**, mas eles não têm nenhum cultivo.
The farm next door has **cattle**, but they don't grow any crops.

1169- conclusão – conclusion

Cheguei à **conclusão** de que deveríamos ir.
I came to the **conclusion** that we should go.

1170- sozinho – alone, lonely

Às vezes, eu gosto de ir **sozinho** ao cinema.
Sometimes I like to go to the movies **alone**.

1171- acidente – accident

Houve um **acidente** na cozinha e alguns pratos quebraram.
There was an **accident** in the kitchen and some plates broke.

1172- bolsa – purse, bag

Ele carrega uma **bolsa** de couro para viagens.
He carries a leather **bag** for travel.

1173- conflito – conflicto

O **conflito** sobre o território durou dois anos.
The **conflict** over the territory lasted two years.

1174- aldeia – village

Eles viviam numa pequena **aldeia** nas colinas.
They lived in a small **village** in the hills.

1175- chave – key

Para ser usado, o programa tem uma **chave** que é preciso digitar.
The software has a **key** that you have to type in to be able to use it.

1176- ativo – active

Roberto é muito mais **ativo** que eu. Ele consegue caminhar 35 quilômetros sem se cansar.
Robert is much more **active** than I am; he can hike 10 miles without getting tired!

1177- visita – visit

Fui a Paris para uma **visita** de duas semanas.
I went to Paris for a two-week **visit**.

1178- agente – agent

O **agente** de Amanda garantiu o contrato de um livro para ela.
Amanda's **agent** has secured a book deal for her.

1179- alimentar – to feed

Este cano **alimenta** o radiador.
This pipe **feeds** the radiator.

1180- prisão – prison

Pelo crime, mandaram-no à **prisão** por três anos.
He was sent to **prison** for three years for the crime.

1181- voar – to fly

Todos os dias é possível ver pássaros **voando**.
You can see the birds **flying** every day.

1182- recuperar – to recover, to recuperate

A baronesa nunca chegou a **recuperar** sua coleção de diamantes roubada.
The baroness never **recovered** her stolen diamond collection.

1183- bandeira – flag

A **bandeira** americana é reconhecida em todo o mundo.
The American **flag** is recognized throughout the world.

1184- municipal – city

O governo **municipal** aprovou uma lei protegendo os parques da cidade.
The **city** government passed a law protecting the city parks.

1185- famoso – famous

Eu nunca quis ser **famoso**.
I never wanted to be **famous**.

1186- filosofia – philosophy

Sua própria **filosofia** moral impediu-o de se manifestar contra as ações do presidente.
His own moral **philosophy** prevented him from speaking out against the president's actions.

1187- empregar – to employ

Esta empresa **emprega** cem funcionários.
This company **employs** over a hundred staff.

1188- italiano – italian

Italiano é um idioma fácil de aprender se você já fala espanhol.
Italian is easy to learn if you already speak Spanish.

1189- justificar – to justify

Eu tentei **justificar** o preço da casa para o meu marido, mas ele disse que não era um bom valor.
I tried to **justify** the price of house to my husband, but he said it was not a good value.

1190- aumento – increase, growth

O **aumento** no número de modelos à venda não conseguiu aumentar os lucros.
The **increase** in the number of models for sale failed to raise profits.

1191- queda – fall

A **queda** das nozes da árvore faz um barulho grande.
The **fall** of nuts from the tree makes a loud sound.

1192- musical – musical

O cantor tinha um voz bem **musical**.
The singer had a very **musical** voice.

1193- dança – dance

Essa **dança** é fácil de aprender. Há poucos passos.
This **dance** is easy to learn. There are very few steps.

1194- canto – corner, song

Você podia ouvir o **canto** dos pássaros por milhas.
You could hear the bird's **song** for miles around.

1195- apanhar – to catch, to grab

Marcela precisa **apanhar** um ônibus para vir da cidade.
Marcela needs **to catch** a bus from town.

1196- tribunal – court, tribunal

Wilson deve comparecer ao **tribunal** de justiça hoje de manhã,
acusado de assalto à mão armada.
Wilson is due to appear in **court** this morning charged with armed
robbery.

1197- resistência – resistance

A **resistência** do corredor de longa distância foi notável.
The long-distance runner's **resistance** was remarkable.

1198- quinze – fifteen

Quinze menos cinco é dez.
Fifteen minus five is ten.

1199- fruto – fruit

Muitas plantas produzem **frutos** depois que são polinizadas.
Many plants produce **fruit** after they are pollinated.

1200- evolução – evolution

A **evolução** pode ser observada em apenas algumas gerações de
insetos.
Evolution can be observed over just a few generations of insects.

1201- provavelmente – probably

Se nevar, eu **provavelmente** irei esquiar.
If it snows, I will probably go skiing.

1202- paixão – passion

Os dois estavam perdidos de **paixão** e nem notaram as pessoas em volta deles.
The two were lost in **passion** and didn't even notice the people around them.

1203- flor – flower

A **flor** era bonita, embora o ramo estivesse coberto de espinhos.
The **flower** was beautiful, though the stem was covered in thorns.

1204- personalidade – personality

Oradores persuasivos normalmente têm uma **personalidade** forte.
Forceful speakers usually have a strong **personality**.

1205- raiz – root

É importante que as plantas tenham **raízes** fortes.
It's important for plants to have strong **roots**.

1206- conversa – conversation

Eles começaram uma **conversa** amigável.
They engaged in a friendly **conversation**.

1207- prometer – to promise

Vou aparar a grama, **prometo**.
I will mow the lawn, I **promise**.

1208- solo – soil

Lucy cavou o **solo** na sua horta para prepará-la para plantar.
Lucy dug over the **soil** in her vegetable patch to get it ready for planting.

1209- duro – hard

Esta cama tem um colchão **duro**.
This bed has a **hard** mattress.

1210- informar – to inform

Lamentamos **informar** que sua conta foi suspensa.
We regret to **inform** you that your account has been suspended.

1211- parque – park

Há um **parque** com alguns balanços e um campo a poucos quarteirões de casa.
There is a **park** with some swings and a field a few blocks from home.

1212- exame – exam

O **exame** de álgebra foi difícil.
The algebra **exam** was difficult.

1213- comentar – to comment

O presidente recusou **comentar** as acusações feitas pela sua secretária.
The President refused **to comment** on his secretary's accusations.

1214- telefone – telephone

Você pode usar o **telefone** preto para fazer suas ligações.
You can use the black **telephone** to make calls.

1215- azul – blue

Eu adoro **azul**, é uma cor tão linda.
I really love **blue**, it is such a lovely colour.

1216- inventar – to invent

Peter **inventou** um novo jeito de captar energia solar.
Peter **invented** a new way to collect solar energy.

1217- sustentar – to support, sustain

A corredora teve uma boa saída, mas será que ela consegue **sustentar** o passo?
The runner is off to a good start, but can she **sustain** that pace?

1218- quebrar – to break

Se vocês jogarem bola dentro de casa, vão **quebrar** alguma coisa.
If you play ball in the house, you will **break** something.

1219- fraco – weak

Estou muito **fraco** para empurrar este trole pesado.
I am too **weak** to push this heavy trolley.

1220- fino – thin

Ele cortou uma fatia **fina** de presunto.
He cut a **thin** slice of ham.

1221- despesa – expense

Precisamos que nosso carro funcione, então a **despesa** é necessária.
We need our car to get to work, so it's a necessary **expense**.

1222- cem – (one) hundred

Ele perdeu a conta logo depois do **cem**.
He lost count just after a **hundred**.

1223- fator – factor

O preço será um **fator** em minha decisão de comprar outro terno.
The price will be a **factor** in my decision to buy a new suit.

1224- encarar – to face

Nós temos que **encarar** os fatos.
We have **to face** the facts.

1225- loja – store

Há uma **loja** de roupas perto de casa.
We have a clothing **store** close to home.

1226- menina –girl

Havia diversas **meninas** brincando na areia.
There were several **girls** playing in the sand.

1227- sexo – gender, sex

É muito difícil determinar o **sexo** de alguns pássaros.
It is very hard to determine the **sex** of some birds.

1228- culpa – fault, guilt

O acidente foi **culpa** minha, pois não olhei aonde ia.
The accident was my **fault**, as I wasn't looking where I was going.

1229- castelo – castle

Fizemos a recepção de nosso casamento num **castelo** do século XVI.
We had our wedding reception in a sixteenth century **castle**.

1230- instituto – institute

O **instituto** ajuda jovens acadêmicos a publicar seus trabalhos.
The **institute** helps young academics get their work published.

1231- pleno – complete, full

O juiz concedeu-lhe **plena** autoridade sobre o patrimônio do pai.
The judged granted him **full** authority over the father's estate.

1232- merecer – to deserve

Ela **merece** um aumento de salário. Ela trabalhou muito para isso.
She **deserves** a pay rise. She has worked really hard.

1233- breve – brief

Minha consulta com o médico foi muito **breve**.
My consultation with the doctor was very **brief**.

1234- diretamente – directly

Garanta que virá **diretamente** para casa depois da escola; não
passe na casa de nenhum amigo nem no parque.
Make sure you come **directly** home from school; don't go to your
friends' houses or the park on the way.

1235- perfeito – perfect

O inglês dele é **perfeito**.
His English is **perfect**.

1236- golpe – coup, hit, blow

A notícia de que o marido dela tinha morrido foi um grande **golpe**
The news that her husband had died was a serious **blow**.

1237- fenômeno – phenomenon

O **fenômeno** das estalactites é causado por um acúmulo gradual
de depósitos minerais.
The **phenomenon** of stalactites is caused by a gradual build-up of
mineral deposits.

1238- prédio – building

Este **prédio** pode resistir a um terremoto.
This **building** can withstand an earthquake.

1239- provar – to prove, to test, to try

O cientista tentou **provar** sua teoria.
The scientist attempted **to prove** his theory.

1240- africano – African

Africanos de 40 países participaram na exposição.
Africans from 40 countries took part in the exhibition.

1241- partida – departure

A casa não foi mais a mesma após a **partida** de Lúcia.
The house didn't feel the same after Lucy's **departure**.

1242- complexo – complex

Este problema é muito **complexo**.
This problem is very **complex**.

1243- conquistar – to conquer, to secure

Os primeiros colonizadores tentaram **conquistar** povos indígenas.
Early colonists attempted **to conquer** indigenous peoples.

1244- obrigação – obligation

Mary sente **obrigação** de ajudar Peter com seus problemas.
Mary feels an **obligation** to help Peter with his problems.

1245- especialmente – especially

Todas as crianças curtiram os contos de fadas, **especialmente** as meninas.
All the children enjoyed the fairy tale, **especially** the girls.

1246- senão – or else, except, if not

Faça o que eu digo, **senão**...!
You will do as I say, **or else**…!

1247- cultural – cultural

Muitos de nós sentem que nossos valores **culturais** estão sob ameaça.

A lot of us feel that our **cultural** values are under threat.

1248- elevado – high, elevated

A cantora se apresentou em uma plataforma **elevada**.

The singer performed on an **elevated** platform.

1249- chamada – phone call

Recebi uma **chamada** da sua mãe hoje.

I had a **phone call** from your mother today.

1250- violento – violent

Centenas de casas foram destruídas no **violento** tornado da noite passada.

Hundreds of homes were flattened in last night's **violent** tornado.

1251- disposição – willingness, disposition

O professor estava satisfeito pela **disposição** de seus alunos para aprender.

The teacher was pleased by his students' **willingness** to learn.

1252- análise – analysis

Nós chegaremos a uma decisão apenas após uma **análise** cuidadosa do problema.

We will come to a decision only after careful **analysis** of the problem.

1253- pão – bread

Você não pode fazer sanduíche sem **pão**.

You can't make a sandwich without **bread**.

1254- anormal – unusual, abnormal

É **anormal** ter pressão arterial tão baixa quanto a sua.
It's **abnormal** to have blood pressure as low as yours.

1255- amplo – ample, broad

Há **ampla** evidência para suportar a teoria da evolução.
There's **ample** evidence to support the theory of evolution.

1256- confirmar – to confirm

Gostaria de **confirmar** as minhas reservas de viagem.
I would like **to confirm** my travel reservations.

1257- perigoso – dangerous

Deixar facas expostas sobre a mesa é **perigoso**.
Leaving knives out on the table is **dangerous**.

1258- mil – a thousand

Três **mil** vieram ao concerto.
Three **thousand** came to the concert.

1259- pintar – to paint

Ele **pintou** a parede.
He **painted** the wall.

1260- cometer – to commit (an act)

É provável que o prisioneiro **cometa** mais crimes se for liberto.
The prisoner is likely **to commit** more crimes if released.

1261- apto – capable, apt

O professor teve várias observações **aptas** a fazer acerca do meu artigo.
The professor had several **apt** observations to make about my paper.

1262- crédito – credit

O diretor do projeto deu a seus assistentes o **crédito** pelo trabalho.
The project manager gave his assistants **credit** for the work.

1263- enfim – in the end, finally, in short

Enfim, eu terminei de escrever aquele relatório!
Finally, I've finished writing that report!

1264- suceder – to happen, to succeed

Frank irá **suceder** seu pai como presidente da compahia.
Frank will **succeed** his father as president of the company.

1265- normalmente – normally, usually

Ele **normalmente** prefere chá em vez de café.
He **usually** prefers tea instead of coffee.

1266- cá – here

Vem **cá**.
Come **here**.

1267- abertura – opening

A **abertura** da exibição será na quinta-feira.
The **opening** of the exhibition will be on Thursday.

1268- extremo – extreme

O frio **extremo** no espaço é capaz de congelar qualquer coisa em segundos.
The **extreme** cold in space can freeze anything in seconds.

1269- desafio – challenge

Consertar o carro foi um **desafio**.
Fixing the car was a **challenge**.

1270- gastar – to spend, to waste

O governo vai **gastar** este dinheiro com projetos.
The government is going **to spend** this money on projects.

1271- decorrer – to happen as a result of, elapse

Uma hora **decorreu** antes que a polícia finalmente aparecesse.
An hour **elapsed** before the police finally showed up.

1272- essencial – essential

Por favor tragam só os suprimentos **essenciais**. É fundamental
que você compareça a essa reunião.
Please only bring **essential** supplies. It is essential that you attend
this meeting.

1273- ajustar – to adjust

A imagem na parede está torta; por favor, **ajuste**-a.
The picture on the wall is crooked; please **adjust** it.

1274- poema – poem

No momento estou lendo os **poemas** de Shelley.
I am reading the **poems** of Shelley at the moment.

1275- exercício – exercise

O **exercício**, tal como a corrida, é bom para a saúde.
Exercise, such as running, is good for your health.

1276- barro – clay, mud

É difícil jardinar se o seu quintal só tem **barro**.
It's difficult to garden if your yard has only **clay**.

1277- mundial – worldwide

A escassez **mundial** de metais raros é uma ameaça para a
fabricação.

The **worldwide** shortage of rare metals is a threat to manufacturing.

1278- folha – sheet (of paper), page, leaf

Uma resma tem 500 **folhas** de papel.
A ream consists of 500 **sheets** of paper.

1279- extraordinário – extraordinary

Esta é uma oportunidade **extraordinária** para o nosso negócio.
This is an **extraordinary** opportunity for our business.

1280- reserva – reserve

As pessoas frequentemente confundem a **reserva** de Patricia com hostilidade, mas, na verdade, quando você a conhece, ela é muito gentil.
People often mistake Patricia's **reserve** for unfriendliness, but really, she's very nice when you get to know her.

1281- cenário – backdrop (theater), scenery

Rachel sempre gostou de imaginar de forma antecipada o que faria em diferentes **cenários**.
Rachel always liked to work out in advance what she would do in different **scenarios**.

1282- mensagem – message

Você poderia dar esta **mensagem** por escrito ou por telefone ao papai?
Could you either write to or phone dad with this **message**?

1283- crescimento – growth

O **crescimento** de uma criança geralmente pára na adolescência.
A child's **growth** usually stops in his late teens.

1284- reagir – to react

José **reagiu** mal quando ouviu as notícias.
Joseph **reacted** badly when he heard the news.

1285- constituição – constitution

Todos os funcionários públicos devem defender a **Constituição**.
All public servants must uphold the **Constitution**.

1286- explicação – explanation

Ryan tentou dar uma **explicação**, mas foi demitido por chegar atrasado ao trabalho mais uma vez.
Ryan tried to offer an **explanation** but was fired for arriving late at work again.

1287- espera – wait, expectation

Não me importo com a **espera**.
I don't mind the **wait**.

1288- votar – to vote

Vou **votar** amanhã.
I am going **to vote** tomorrow.

1289- perda – loss

A **perda** da audição realmente prejudicou sua capacidade para trabalhar.
His **loss** of hearing really hurt his ability to work.

1290- artístico – artistic

As crianças geralmente revelam competências **artísticas** muito cedo.
Children normally show **artistic** aptitude at an early age.

1291- leve – light (weight)

Faça uns exercícios **leves**, nada muito exaustivo.
Take a little **light** exercise, nothing too strenuous.

1292- clima – climate

Algumas áreas da Flórida têm um **clima** subtropical.
Some areas of Florida have a subtropical **climate**.

1293- permanente – permanent

Natasha tem trabalhado temporariamente na empresa há três
meses e agora ofereceram a ela um trabalho **permanente** lá.
Natasha has been temping at the company for three months and
now she's been offered a **permanent** job there.

1294- quilômetro – kilometer

Precisamos dirigir 947 **quilômetros** para chegar em Porto Seguro.
We need to drive 947 **kilometers** to arrive in Porto Seguro.

1295- jogador – player

Há cinco **jogadores** na quadra por vez. Um time vencedor é feito
de muitos bons jogadores.
There are five **players** on the court at a time. A winning team is
made up of many good players.

1296- troca – exchange, switch

Ela ficou feliz com a **troca** de queijos por doces.
She was happy with the **exchange** of cheese for sweets.

1297- divisão – division

Na África tropical, a **divisão** do dia consiste em doze horas de luz
e doze horas de escuridão.
In tropical Africa, the **division** of the day is into twelve hours of
light and twelve hours of darkness.

1298- investigação – investigation

A **investigação** revelou duas testemunhas.
The **investigation** turned up two new witnesses.

1299- rainha – queen

Vitória era a **rainha** da Inglaterra.
Victoria was **queen** of England.

1300- palácio – palace

A família real tem **palácios** em todo o país.
The royal family has **palaces** all over the country.

1301- integrar – to integrate, to be part of

O engenheiro **integrou** as demandas dos clientes aos planos dele.
The engineer **integrated** the customer's demands into his plans.

1302- administrativo – administrative

Como ele trabalha em um escritório há cinco anos, Steven tem
muita experiência **administrativa**.
Since he has worked in an office for five years, Steven has a lot of
administrative experience.

1303- útil – useful, helpful

A ferramenta foi **útil** para você?
Was the tool **helpful** to you at all?

1304- manifestar – to manifest, to express

Como a doença se **manifesta**?
How does the disease **manifest**?

1305- participação – participation

Gostaríamos de agradecer a todos da equipe por sua **participação**.
We'd like to thank everyone on the team for their **participation**.

1306- comportamento – behavior, conduct

O **comportamento** dele parece ser pior quando vêm visitas.
His **behaviour** seems to be worse when visitors come.

1307- circustância – circumstance

As **circunstâncias** que envolviam a morte dele eram muito suspeitas.
The **circumstances** surrounding his death were very suspicious.

1308- alegre – happy

Os passarinhos **alegres** cantavam nas árvores.
The **happy** birds sang in the trees.

1309- casal – couple

O **casal** queria começar uma família.
The married **couple** wanted to start a family.

1310- esconder – to hide

Escondo os bolos das crianças.
I **hide** the cakes from the children.

1311- taxa – rate, tax

A **taxa** de nascimento cresce constantemente.
The birth **rate** is steadily increasing.

1312- inicial – initial

Harriet Bell é uma autora que escreve sob seu sobrenome e primeira **inicial**: H. Bell.
Harriet Bell is an author who writes under her surname and first **initial**: H. Bell.

1313- príncipe – prince

O **príncipe** Philip, duque de Edimburgo, nasceu em 1921.
Prince Philip, Duke of Edinburgh, was born in 1921.

1314- universo – universe

Em seu **universo** privado todos os homens estão apaixonados por ela.
In her private **universe** all men are infatuated with her.

1315- dormir – to sleep

Dormi nove horas a noite passada.
I **slept** for nine hours last night.

1316- garantia – warranty, guarantee

A nova lei é a **garantia** de refeições escolares gratuitas para todas as crianças abaixo de cinco anos.
The new law is the **guarantee** of free school meals to all children under five.

1317- pássaro – bird

A manhã traz o som dos **pássaros** gorjeando nas árvores.
Morning brings the sound of **birds** chirping in the trees.

1318- amar – to love

Claro que eu **amo** a minha mãe.
Of course I **love** my mother.

1319- assinar – to sign

Ele **assinou** o documento na parte de baixo.
He **signed** the form at the bottom.

1320- motor – engine, motor

Fiona girou a chave na ignição e ouviu o **motor** começar a funcionar.

Fiona turned the key in the ignition and heard the **engine** come to life.

1321- gravar – to record, engrave

A banda **gravou** um álbum novo.
The band **recorded** a new album.

1322- fé – faith

Embora não tivesse provas, ele tinha **fé** que a encomenda chegaria a tempo.

Though he couldn't prove it, he had **faith** that the package would arrive on time.

1323- expor – to exhibit, to expose

O vestido de Janice **expõe** seus ombros.
Janice's dress **exposes** her shoulders.

1324- dedo – finger

Ele quebrou a unha do **dedo** indicador.
He broke the nail on his index **finger**.

1325- canção – song

A **canção** foi traduzida para vários idiomas.
The **song** has been translated to many languages.

1326- negativo – negative

Carina deu respostas **negativas** a todas as perguntas.
Carina gave **negative** answers to all the questions.

1327- industrial – industrial

As nações **industriais** têm grandes demandas por combustíveis fósseis.

Industrial nations have heavy demands for fossil fuels.

1328- posse – possession

O advogado escreveu para dizer aos Browns que eles podiam tomar **posse** da casa na sexta-feira.

The solicitor wrote to tell the Browns they could take **possession** of the house on Friday.

1329- lucro – profit

Obteve um **lucro** vendendo a camisa por mais do que havia comprado.

He made a **profit** by selling the shirt for more than he bought it.

1330- expectativa – expectation

Depois de ler que seu astro de rock favorito viria à sua cidade, as adolescentes passaram a semana toda num clima de **expectativa**.

After reading that their favourite rock star would be visiting their town, the teenage girls spent the week in a state of **expectation**.

1331- traduzir – to translate

Simone **traduz** romances para ganhar a vida.
Simone **translates** novels for a living.

1332- libertar – to free, to liberate

Os escravos foram **libertados** em 1865 nos Estados Unidos.
Slaves were **freed** in 1865 in the USA.

1333- manifestação – manifestation, protest

Fomos encorajados pela **manifestação** de apoio das pessoas.
We were encouraged by the people's **manifestation** of support.

1334- líder – leader

John é o **líder** do grupo, e normalmente fazem o que ele sugere.
John is the **leader** of the group, and they usually do what he suggests.

1335- horizonte – horizon

O **horizonte** estava muito irregular por causa das montanhas.
The **horizon** was very jagged because of the mountains.

1336- urbano – urban

A poluição luminosa **urbana** significa que as cidades não são bons lugares para observar as estrelas.
Urban light pollution means cities aren't good places for stargazing.

1337- território – territory

A companhia de petróleo está procurando por **território** para explorar.
The oil company's looking for **territory** to explore.

1338- compromisso – commitment

Ele fez um **compromisso** de ficar no emprego por mais um ano.
He made a **commitment** to stay at that job for another year.

1339- feminino – female, feminine

Culturas diferentes têm padrões diferentes em relação ao que consideram **feminino** ou masculino.
Different cultures have different standards regarding what they consider **feminine** or masculine.

1340- mover – to move

Ele **moveu** a sua peça quatro espaços para a frente.
He **moved** his piece forward four spaces.

1341- município – municipality

A familia dela é de refugiados políticos do **município** da Florida, na província de Camaguey, Cuba.

Her family are political refugees from the **Municipality** of Florida in Camagüey Province, Cuba.

1342- entidade – entity

Antes da Segunda Guerra Mundial, a Alemanha era uma **entidade**, então ela virou duas, e agora é uma única entidade novamente.

Before the Second World War, Germany was one **entity**, then it became two, and now it is a single entity again.

1343- constante – constant

Deixe o caldo em uma fervura **constante** por dez minutos.

Keep the broth at a **constant** boil for ten minutes.

1344- pagamento – payment

Seu **pagamento** deve ser realizado até a data de vencimento.

Your **payment** must reach us by the due date.

1345- sequer – (not) even

Este chão não está **sequer** nivelado.

This floor's not **even** leveled.

1346- promover – to promote

Os comerciais de rádio **promovem** vários produtos.

Radio commercials **promote** various products.

1347- argumento – argument

Ele teve bons **argumentos** em seu discurso.

He had good **arguments** in his speech.

1348- controlar – to control

O operador da grua **controlava** a máquina sem problema.
The crane operator **controlled** the machine without a problem.

1349- fome – hunger, famine

Jane sempre fazia almoços generosos para satisfazer a **fome** de seus filhos em fase de crescimento.
Jane always made huge lunches to satisfy the **hunger** of her growing children.

1350- pintor – painter

Um artista que usa óleos ou aquarelas é um **pintor**.
An artist who uses oils or watercolours is a **painter**.

1351- adotar – to adopt

O casal Paiva **adotou** um bebê de Gana.
The Paiva's have **adopted** a baby from Ghana.

1352- restar – to remain

Restam três fatias de pizza.
Three slices of pizza **remain**.

1353- calor – heat, warmth

Você podia sentir o **calor** do fogo.
You could feel the **heat** of the fire.

1354- exceção – exception

A abertura do supermercado num domingo é uma **exceção**, porque os dois dias seguintes são feriados nacionais; normalmente isso não acontece.
The supermarket opening on a Sunday is an **exception**, because the next two days are public holidays; it doesn't normally do that.

1355- ausência – absence

O professor notou a **ausência** de Andrea no dia do exame.
The professor noticed Andrea's **absence** on the day of the exam.

1356- externo – external

A casa precisava de algum trabalho **externo** antes de poder ser vendida.
The house needed some **external** work before it could be sold.

1357- distribuir – to distribute

Estão me pagando por hora para **distribuir** esses panfletos.
They're paying me an hourly rate **to distribute** these flyers.

1358- método – method

Seu **método** de persuasão envolve charme e intimidação.
His **method** of persuasion involves both charm and intimidation.

1359- crítico – critic, critical

É um momento **crítico** para a equipe olímpica da Sérvia.
It's a **critical** moment for the Serbian Olympic team.

1360- inferior – lower, inferior

Essas nozes são bem **inferiores** às últimas que tínhamos.
These pecans are quite **inferior** to the last ones we had.

1361- completo – complete

A coleção estava **completa** com a aquisição do último livro que faltava.
The collection was **complete** with the acquisition of the final missing book.

1362- proteção – protection

A tempestade caiu e Nicole e Larry correram para o celeiro em busca de **proteção**.

The storm broke and Nicole and Larry dashed into the barn for **protection**.

1363- excelente – excellent

Ela tem uma habilidade **excelente** para negócios.
She has **excellent** business skills.

1364- calcular – to calculate

É difícil **calcular** o tempo que a mudança vai demorar.
It's difficult **to calculate** how long the move will take.

1365- demorar – to take (time), to delay

Vai **demorar** para fazer isso direito. Demora muito para escrever um bom romance.

It will **take time** to do it properly. It takes a lot of time to write a good novel.

1366- sentar – to sit

Sentei ao lado da janela.
I **sat** beside the window.

1367- interpretar – to interpret, to act

Joe **interpretou** o pedido de sua mãe como uma ordem e limpou o quarto.

Joe **interpreted** his mother's request as an order and cleaned his room.

1368- sorte – luck

A **sorte** é, por definição, uma coisa fora de nosso controle.
Luck is, by definition, something that is out of our control.

1369- secretaria – office

Você pode pagar a mensalidade na **secretaria** da escola.
You can pay the tuition at the school **office**.

1370- recolher – to collect, to put away, to remove

Ela **recolheu** toda a informação que poderia encontrar sobre o assunto.
She **collected** all the information she could find on the topic.

1371- deter – to arrest, to detain

Algumas pessoas acreditam que a pena de morte **detém** o crime.
Some people believe the death penalty **detains** crime.

1372- ceder – to give in, to yield

Ele **cedeu** à pressão dos outros e mudou de canal.
He **yielded** to the pressure of the others and changed the channel.

1373- feliz – happy

Eu estava **feliz** no verão passado quando nós estávamos namorando.
I was **happy** last spring when we were dating.

1374- cadeira – chair, college course

Esta é uma **cadeira** confortável.
This is a comfortable **chair**.

1375- comunista – communist

Os **comunistas** têm uma visão muito diferente dos capitalistas sobre como o sistema econômico do mundo deveria funcionar.
Communists hold a very different view from capitalists of how the world's economic system should work.

1376- emoção – emotion

Crianças normalmente lutam para controlar suas **emoções**.
Children normally struggle to control their **emotions**.

1377- representante – representative

O **representante** da união levou as exigências da equipe até a gerência.
The union **representative** took the staff's demands to management.

1378- ultrapassar – to overcome, to surpass

A velocidade do carro **ultrapassava** a de qualquer outro veículo que Lydia tivesse possuído.
The car's speed **surpassed** that of any vehicle Lydia had previously owned.

1379- comando – command

Ele passou o **comando** do seu navio para o novo capitão.
He turned over **command** of his ship to the new captain.

1380- alvo – target, aim

O presidente era o **alvo** do atirador, por isso o mantiveram protegido.
The president was the sniper's **target**, so they kept him covered.

1381- concentrar – to concentrate

Não posso falar com você agora; Preciso **concentrar** me nessa leitura.
I can't speak with you now; I have **to concentrate** on this reading.

1382- comunicar – to convey, to communicate

O navio que afundava **comunicava** uma mensagem de S.O.S. para outros navios na área.

The sinking ship **communicated** an S.O.S. message to other ships in the area.

1383- coletivo – collective, public transportation

Nossa opinião **coletiva** é que precisamos de um novo líder.
Our **collective** opinion is that we need a new leader.

1384- jeito – way, manner

Esse é o **jeito** de se fazer isso.
This is the **way** to do it.

1385- atuar – to perform, act

O comediante **atua** três vezes por semana.
The comedian **performs** three nights per week.

1386- janela – window

Este recinto tem três **janelas** que dão para o oeste.
This room has three **windows** that face to the west.

1387- certamente – certainly

Certamente, tentarei ajudar.
I will **certainly** try to help.

1388- estratégia – strategy

A chefe traçou a **estratégia** dela para aumentar o lucro da empresa no ano seguinte.
The boss outlined her **strategy** to increase the company's profits over the coming year.

1389- Papa – Pope

O **Papa** anunciou uma visita de três dias na Alemanha.
The **Pope** announced a three-day visit to Germany.

1390- unir – to unite

A comunidade se **uniu** para impedir que a nova lei seja promulgada.

The community has **united** to stop the new law being enacted.

1391- comandante – commander

O **comandante** da nossa unidade era suspeito de crimes de guerra.

The **commander** of our unit was suspected of war crimes.

1392- inimigo – enemy

John considera Philip seu **inimigo**; os dois nunca gostaram um do outro.

John considers Philip his **enemy**; the two of them have never liked each other.

1393- eleitoral – electoral

Fraude **eleitoral** não tem sido um problema nesta área até agora.

Electoral fraud has not been a problem in this area so far.

1394- executivo – executive

Eric tem um bom emprego; ele é um **executivo** com uma grande firma.

Eric has a good job; he's an **executive** with a big firm.

1395- gás – gas

O vulcão emitiu um monte de **gases** venenosos.

The volcano emitted a lot of poisonous **gas**.

1396- marquês – marquis

O Hotel **Marquês** de Pombal situa-se na area central de Lisboa.

The Hotel **Marquis** de Pombal is in the central area of Lisbon.

1397- raça – race

A **raça** não é um fator importante em uma contratação.
Race is not a factor in hiring.

1398- palco – stage

O **palco** foi elevado um metro acima da audiência.
The **stage** was raised one metre above the audience.

1399- independência – independence

Muitos países africanos conquistaram suas **independências** nos anos 60.
A lot of African countries won their **independence** in the 1960s.

1400- empregado – employee, employed

Nem todas as pessoas **empregadas** ganham o bastante para viver.
Not all **employed** people make enough money to live on.

1401- começo – beginning, start

Essa mostra de talentos foi o **começo** da minha carreira.
That talent show was the **beginning** of my career.

1402- desenhar – to design, to draw

O artista pegou um bloco de rascunho e começou a **desenhar**.
The artist picked up a sketch pad and began **to draw**.

1403- descrever – to describe

Pode **descrever** como é a pintura?
Can you **describe** what the painting looks like?

1404- receita – revenue, income, récipe

A empresa pagou todo os impostos devidos sobre a **receita** no último exercício fiscal.

The company has paid all taxes due on its **revenue** for the last financial year.

1405- errar – to err, to make a mistake

Eu **errei** dizendo que ele era um professor cheio.
I **erred** in saying he was a full professor.

1406- império – empire

O **Império** Otomano um dia compreendeu grandes partes da Europa e da Ásia.
The Ottoman **Empire** once covered large parts of Europe and Asia.

1407- explorar – to exploit, to explore

As corporações **exploravam** sistematicamente seus funcionários até eles criarem sindicatos.
Corporations systematically **exploited** their workers until they formed labor unions.

1408- critério – criterion

O preço não é o único **critério** a considerar quando você compra um carro.
Price is not the only **criterion** to consider when you buy a car.

1409- deitar – to lie down

Estou muito cansado, por isso vou **deitar**. O homem precisou deitar na mesa para o médico examinar seu abdômen.
I'm very tired so I'm going **to lie down**. The man had to lie down on the table for the doctor to inspect his abdomen.

1410- chamado – called, so-called, named

Mary tem uma nova amiga; uma garotinha **chamada** Abigail.
Mary has made a new friend; a little girl **called** Abigail.

1411- detalhe – detail

Ah, eu tinha perdido aquele **detalhe** da história. Agora entendi.
Ah, I missed that **detail** of the story. Now I understand.

1412- plástico – plastic

Esta placa é feita de **plástico**.
This plate is made from **plastic**.

1413- corda – string, cord, spring

Bete precisa de uma **corda** nova para sua guitarra.
Betty needs a new **string** for her guitar.

1414- jamais – never

Jamais estive na China.
I have **never** been to China.

1415- juventude – youth

Usou sua **juventude** como vantagem.
He used his **youth** to his advantage.

1416- areia – sand

A praia tem **areia** branca fina.
The beach has fine white **sand**.

1417- categoria – category

Qual **categoria** de livros você gosta de ler?
What **category** of books do you like to read?

1418- controle – control

O diretor tem **controle** sobre a sua escola.
The principal has **control** over his school.

1419- comida – food

Eu trarei a **comida** se você trouxer a bebida. Couve é uma **comida** muito saudável.

I'll bring the **food** if you bring the drink. Kale is a very healthy **food**.

1420- sombra – shadow, shade

A **sombra** dela se alongou à medida que o sol se pôs.

Her **shadow** lengthened as the sun set.

1421- limpar – to clean

Eu uso sempre detergente quando **limpo** a cozinha.

I always use detergent when I **clean** the kitchen.

1422- biblioteca – library

Ela pegou um livro na **biblioteca**.

She borrowed a book from the **library**.

1423- escuro – dark

A casa estava **escura** quando acordei.

The house was **dark** when I woke up.

1424- disposto – willing, arranged

Estou **disposto** a preparar o jantar esta noite.

I'm **willing** to cook dinner tonight.

1425- rural – rural

A localização **rural** da casa certamente atrairá compradores.

The house's **rural** setting is sure to attract buyers.

1426- disciplina – discipline

Esta professora acredita que **disciplina** é a melhor maneira de garantir a eficiência do aprendizado infantil.
This teacher believes that **discipline** is the best way to ensure children learn effectively.

1427- retomar – to resume, to retake

Eu falhei no exame, então tive que **retomá**-lo.
I failed the exam, so I had to **retake** it.

1428- neto(s) – grandson, grandchildren

Eu tenho três filhos e cinco **netos**.
I have three children and five **grandchildren**.

1429- justamente – exactly, actually, just

Quer dizer que esta é nossa nova casa?" "**Justamente!**"
"Do you mean this is our new house?" "**Exactly!**"

1430- salário – salary, wage

Patsy recebe seu **salário** no final de cada mês.
Patsy receives her **salary** at the end of every month.

1431- agricultura – agricultura, farming

A **agricultura** se tornou uma parte muito menor da economia mundial no último século.
Farming has become a much smaller part of the global economy in the last hundred years.

1432- russo – Russian

Vladimir Putin é um **russo**.
Vladimir Putin is a **Russian**.

1433- geralmente – generally, usually

Kelly **geralmente** não saia para comer. Ela preferia cozinhar.
Kelly **generally** didn't go out to eat; she preferred to cook.

1434- declaração – declaration

O conselho se reuniu e depois fez uma **declaração** de paz.
The council met and afterwards made a **declaration** of peace.

1435- dimensão – dimension

A palestra dela abriu uma **dimensão** desconhecida sobre o assunto.
Her talk opened up an unfamiliar **dimension** on the subject.

1436- feira – fair, open-air market

Você foi à **feira** do livro no centro de convenções no ano passado?
Did you go to the book **fair** at the convention centre last year?

1437- prender – to apprehend, to catch, to fasten

Celia fechou a embalagem e **prendeu**-a com cordas.
Celia closed the packing case and **fastened** it with cords.

1438- fala – speech

A liberdade de **fala** é uma necessidade numa democracia.
Free **speech** is a necessity in a democracy.

1439- correto – correct

O estudante deu a resposta **correta**.
The student gave the correct **answer**.

1440- medicina – medicine

A **medicina** moderna fez muitos avanços.
Modern **medicine** has made many advances.

1441- aliança – alliance, wedding ring

Uma **aliança** de três partidos formará agora um governo.
An **alliance** of three parties will now form a government.

1442- faixa – stripe, section, band

O vestido de Rachel era preto com **faixas** brancas que iam até o meio.
Rachel's dress was black with a white **stripe** running down the centre.

1443- vazio – empty, emptiness

Eu bebi todo o meu café e agora o meu copo está **vazio**.
I drank all my coffee, and now my cup is **empty**.

1444- tradicional – traditional

Aquela cruz é um símbolo irlandês **tradicional**
That cross is a **traditional** Irish symbol.

1445- infantil – childish, infantile

Embora ela tenha quase vinte e cinco anos, Rose ainda é **infantil** de muitas maneiras.
Even though she's nearly twenty-five years old, Rose is still **childish** in many ways.

1446- por acaso – by chance

A sorte é, **por acaso**, uma coisa fora de nosso controle.
Luck is, **by chance**, something that is out of our control.

1447- porto – port

Evelyn foi até o **porto** para ver os navios chegando e saindo.
Evelyn went down to the **port** to watch the ships sailing in and out.

1448- sócio – partner, associate

O chefe de cozinha era **sócio** do dono do restaurante.

The chef was a business **partner** of the restaurant owner.

1449- assegurar – to secure, assure

O guia de turismo **assegurou** ao grupo que eles poderiam ver baleias do bote.

The tour guide **assured** the group that they would be able to see whales from the boat.

1450- código – code

Qual o **código** para abrir o cofre?

What is the **code** to open the safe?

1451- igualmente – also, equally, likewise

Todos devem ser tratados **igualmente**.

Everybody should be treated **equally**.

1452- misturar – to mix

Misturamos a tinta vermelha com a amarela para criar a laranja.

We **mixed** red and yellow paint to create orange paint.

1453- coluna – column, spinal column

A **coluna** que suporta o teto por cima da varanda precisa de um conserto.

The **column** supporting the roof over the porch needs to be repaired.

1454- versão – version

A **versão** escocesa do gaélico não é exatamente a mesma da versão irlandesa.

The Scottish **version** of Gaelic is not quite the same as the Irish version.

1455- nordeste – northeast

Nós temos uma casa de férias à beira-mar na costa **nordeste**.
We have a seaside holiday cottage on the **northeast** coast.

1456- canal – channel

Vi as notícias no **canal** 12.
I saw the news on **channel** 12.

1457- doze – twelve

Doze vem depois do onze.
Twelve comes after eleven.

1458- espalhar – to spread

Os animais infectados **espalharam** a doença pelo país.
Infected animals **spread** disease across the country.

1459- ameaçar – to threaten

Ele está sempre **ameaçando** me demitir.
He's always **threatening** to fire me.

1460- relativamente – relatively, pertaining to

Muitas pessoas desfrutam de uma saúde **relativamente** boa na velhice.
Many people enjoy **relatively** good health into old age.

1461- quarenta – forty

O professor pediu ao garotinho para contar até **quarenta**.
The teacher asked the little boy to count up to **forty**.

1462- fiscal – fiscal, costums inspector

As empresas não têm incentivo **fiscal** para localizar aqui.
Businesses have no **fiscal** incentive to locate here.

1463- operar – to operate

Andrea **opera** uma empilhadeira no trabalho.
Andrea **operates** a forklift truck at work.

1464- década – decade

Houve enormes avanços tecnológicos na última **década**.
There have been enormous technological advances over the last **decade**.

1465- cinquenta – fifty

Cinquenta é o número atômico do estanho.
Fifty is the atomic number of tin.

1466- opor – to oppose

Ele se **opôs** à ideia de seus pais de um casamento arranjado.
He **opposed** his parents' idea of an arranged marriage.

1467- fornecer – to provide

Eu **fornecerei** a tenda se você fornecer a comida.
I'll **provide** the tent if you provide the food.

1468- floresta– forest

Tem uma **floresta** atrás da nossa casa, não somente um bosque.
There is a **forest** behind our house, not just some woods.

1469- investimento – investiment

Paulo estava por dentro dos **investimentos** e não gostava de deixar seu dinheiro parado no banco.
Paul was into **investment** and didn't like leaving his money to sit in the bank.

1470- paisagem – landscape, view, surroundings

Paramos no topo da montanha para admirar a **paisagem**.
We stopped at the top of the mountain to admire the **landscape**.

1471- alternativa – alternative

Uma **alternativa** seria adiar a viagem para o lago.
One **alternative** would be to postpone the trip to the lake.

1472- comentário – comment, commentary

O **comentário** dele sobre os problemas de estacionamento não ajudou.
His **comment** about the parking problems was unhelpful.

1473- resolução – resolution

A ONU adotou uma **resolução** banindo a mutilação genital feminina.
The UN adopted a **resolution** banning female genital mutilation.

1474- caro – expensive, esteemed

As casas nessa área são muito **caras**.
The houses in this area are very **expensive**.

1475- puxar – to pull

Ele **puxou** o computador em sua direção.
He **pulled** the computer towards himself.

1476- recorrer – to appeal, resort to

Bia **recorreu** a comer atum depois de ter ficado sem outro alimento.
Bia **resorted** to eating tuna after she ran out of other food.

1477- bem – good

Eu fiz isso pelo **bem** de todos nós.
I did it for the **good** of all of us.

1478- alteração – change, alteration

Qualquer **alteração** ao contrato deve ser acordada por ambas as partes.
Any **alteration** to the contract must be agreed by both parties.

1479- fita – tape, ribbon

Rachel amarrou uma **fita** em volta de seu rabo de cavalo.
Rachel tied a **ribbon** around her pony tail.

1480- necessitar – to need

O corpo **necessita** de alimento em intervalos regulares.
The body **needs** food at regular intervals.

1481- infância – childhood

Sua **infância** foi difícil porque o pai era alcoólatra.
His **childhood** was difficult because his father was an alcoholic.

1482- prejudicar – to harm, to endanger

O fogo na garagem não **prejudicou** a casa.
The fire in the garage didn't **harm** the house.

1483- lua – moon

Às vezes, dá para ver a **lua** à noite.
The **moon** can often be seen at night.

1484- distrito – district

Os dois candidatos estavam lutando para serem eleitos no **distrito**.
The two candidates were fighting to get elected in the **district**.

1485- conceder – to grant

O juiz **concedeu** ao demandante o direito de ver os documentos.
The judge **granted** the plaintiff the right to see the documents.

1486- caminhar – to walk, to go on foot

Você gostaria de dirigir ou **caminhar**?
Would you like to ride or **walk**?

1487- vara – stick, staff, rod

Jaqueline usou uma **vara** de madeira para tirar a bola da árvore.
Jaqueline used a wooden **rod** to knock the ball out of the tree.

1488- executar – to carry out, to execute

O estado **executou** o assassino condenado.
The state **executed** the convicted murderer.

1489- percorrer – to cover (distance), to run by/through

Percorremos toda a América do Sul na última viagem.
We **covered** all South America on the last trip.

1490- organizado – organized

Religiões **organizadas** enfatizam atividades e adoração em grupo.
Organized religions emphasize group worship and activity.

1491- modificar – to change, to modify

Ana quer **modificar** o acordo.
Anna wants to **change** the agreement.

1492- agrícola – agricultural

Grande parte da terra do município é reservada para uso **agrícola**.
Much of the county's land is set aside for **agricultural** use.

1493- adequado – adequate

Temos um suprimento **adequado** de lenha para durar o inverno.
We have an **adequate** supply of firewood to last the winter.

1494- investir – to invest

Laura **investiu** em uma nova casa e carro após sua promoção.
Laura **invested** in a new house and car after her promotion.

1495- satisfazer – to satisfy

Nancy bebeu água até **satisfazer** sua sede.
Nancy drank the water until she had **satisfied** her thirst.

1496- dente – tooth

A dentista pediu ao paciente para abrir sua boca para que pudesse olhar seu **dente**.
The dentist asked the patient to open his mouth so she could look at his **tooth**.

1497- intenso – intense

Depois de negociações **intensas**, o advogado de Dan conseguiu fazer um acordo para o caso fora da corte.
After **intense** negotiations, Dan's lawyer managed to settle the case out of court.

1498- velocidade – speed, velocity

O carro de corrida passou em grande **velocidade**.
The racecar moved at great **speed**.

1499- bloco – block, bloc

Eles usaram **blocos** de cimento para os alicerces da casa.
They used cement **blocks** for the foundations of the house.

1500- representação – representation

Este modelo é uma **representação** de como será o novo centro da cidade, assim que todo o trabalho de construção estiver completo.
This model is a **representation** of what the new city centre will look like, once all the building work has been completed.

1501- mental – mental

A professora orientou o aluno em alguns exercícios **mentais**.
The teacher led the student through some **mental** exercises.

1502- riqueza – wealth, riches

Podíamos ver a **riqueza** deles por suas férias caras.
You could see that they had **wealth** by their expensive vacations.

1503- chegada – arrival

Passageiros, por favor, preparem-se para a **chegada**.
Passengers, please prepare for **arrival**.

1504- escapar – to escape

Os prisioneiros **escaparam**.
The prisoners have **escaped**.

1505- absolutamente – absolutely

Depois de rolar na lama, o cachorro ficou **absolutamente** imundo.
After rolling in the mud, the dog was **absolutely** filthy.

1506- imóvel – real-estate, immobile

O lobo estava preso na armadilha, **imóvel**.
The wolf was stuck in the trap, **immobile**.

211

1507- província – province

Essa é uma pacífica **província** com uma grande extensão de terras para agricultura.
This is a peaceful **province** with a great deal of agricultural land.

1508- habitante – inhabitant

Vinte e seis **habitantes** da vila foram varridos pelo alagamento.
Twenty-six **inhabitants** of the village were swept away in the flood.

1509- alimento – food, nourishment

As necessidades básicas humanas incluem **alimento** e abrigo.
Basic human needs include **food** and shelter.

1510- combater – to fight, combat

Ela **combateu** o governo e ganhou.
She **fought** the government and won.

1511- beber – to drink

Beba mais água se está com sede.
Drink some water if you're thirsty.

1512- silêncio – silence

A primeira coisa que Paul percebeu quando foi para o interior foi o **silêncio**.
The first thing Paul noticed when he got out into the countryside was the **silence**.

1513- insistir – to insist

Eu não quero ir para a festa, mas ela está **insistindo**.
I don't want to go to the party, but she's **insisting**.

1514- japonês – Japanese

Ben estudou **japonês** na faculdade porque queria dar aulas lá depois de se formar.

Ben studied **Japanese** in college because he wanted to teach there after he graduated.

1515- cobrar – to collect (money), charge

O entregador de jornais **cobrou** o dinheiro que lhe era devido.

The paperboy **collected** the money due to him.

1516- cabelo – hair

Ela vai cortar o **cabelo**.

She's having her **hair** cut.

1517- computador – computer

Tony tem um **computador** potente.

Tony has a powerful **computer**.

1518- invadir – to invade

Os líderes militares estão discutindo se devem ou não **invadir**.

Military leaders are discussing whether or not **to invade**.

1519- convencer – to convince

Ele finalmente **convencera** seus clientes das vantagens do seu produto.

He had finally **convinced** his customers of the advantages of his product.

1520- móvel – piece of forniture, mobile

João evitou comprar muitas coisas para poder ser mais **móvel**.

John avoided buying too many things so that he could be more **mobile**.

1521- equilíbrio – balance, equilibrium

O álcool afeta o **equilíbrio** das pessoas.
Alcohol affects a person's **balance**.

1522- afetar – to affect

O plano do governo **afetará** muitas pessoas.
The government's plan will **affect** a lot of people.

1523- virtude – virtue

A leis existem porque a sociedade não pode confiar
exclusivamente na **virtude** para impedir que as pessoas façam
coisas ruins.
Laws exist because society cannot rely on **virtue** alone to stop
people doing bad things.

1524- revisão – review

O autor não aprovou a **revisão** de texto.
The author did not approve the text **review**.

1525- gabinete – office, cabinet

Membros do **gabinete** realizaram uma reunião de emergência
hoje.
Members of the **cabinet** held an emergency meeting today.

1526- democracia – democracy

Eles estão exigindo a **democracia**, mas não têm experiência.
They're demanding **democracy** but have no experience of it.

1527- norma – norm, rule, standard

As **normas** de construção da Califórnia requerem resistência
contra terremotos.
The building **standards** in California require strength against
earthquakes.

1528- experimentar – to experiment, to try

Experimentei a camisa e decidi que não gostei.
I **tried** the shirt on and decided I didn't like it.

1529- edição – edition

A **edição** em brochura de seu romance será lançada no próximo mês.
The paperback **edition** of her novel will come out next month.

1530- distinguir – to distinguish

Algumas pessoas têm dificuldade em **distinguir** o certo do errado.
Some people find it difficult to **distinguish** right from wrong.

1531- falso – false

Laura colocou unhas **falsas** no salão.
Laura got **false** nails at the salon.

1532- milho – corn

Maria espalhou **milho** para as galinhas.
Mary scattered **corn** for the chickens.

1533- proibir – to prohibit

Veículos a motor são **proibidos** de dirigir no centro da cidade.
Motor vehicles are **prohibited** from driving in the town centre.

1534- exato – exact

A testemunha deu à polícia uma descrição **exata** do suspeito.
The witness gave the police an **exact** description of the suspect.

1535- estreito – narrow, strait (water)

A rua **estreita** tornava difícil a passagem de carros.
The **narrow** road made passing other cars difficult.

1536- criticar – to criticze

Se você for **criticar** o esforço deles, tente encontrar algo de positivo também.
If you **criticize** their efforts, try to find something positive too.

1537- governar – to govern, to rule

O rei **governou** as províncias com punhos de ferro.
The king **ruled** the provinces with an iron fist.

1538- corrida – race

Fred ganhou a **corrida** ao redor do parque.
Fred won the **race** around the park.

1539- resistir – to resist

Não consigo **resistir** a chocolate, é melhor você escondê-lo de mim.
I can't **resist** chocolate, you'd better hide it from me.

1540- regional – regional

Há festas **regionais** no Brasil.
There are **regional** festivals in Brazil.

1541- inspirar – to inspire

Fred tentou **inspirar** seus funcionários ao oferecer opções de ações.
Fred tried **to inspire** his workers by offering stock options.

1542- curioso – curious, strange

Os ratos são criaturas **curiosas**.
Rats are **curious** creatures.

1543- acumular – to accumulate

Coloque dinheiro fora todos os meses e suas economias serão **acumuladas**.

Put money away each month and your savings will **accumulate**.

1544- doméstico – domestic (servant), holsehold

Tarefas **domésticas** são chatas, mas precisam ser realizadas.

Houosehold chores are boring, but they have to be done.

1545- socialista – socialist

Meu avô foi um **socialista** comprometido a vida toda.

My grandfather was a committed **socialist** all his life.

1546- costume – custom

Era **costume** de Jane ir fazer cooper todo dia antes do café da manhã.

It was Jane's **custom** to go jogging every morning before breakfast.

1547- símbolo – symbol

O **símbolo** Olímpico representa os cinco continentes.

The Olympic **symbol** represents five continents.

1548- deslocar – to move

Eu **desloquei** o carro para mais perto da casa.

I **moved** the car closer to the house.

1549- poderoso – powerful

Os tubarões têm mandíbulas **poderosas**.

Sharks have **powerful** jaws.

1550- reino – kingdom

O **reino** da Arábia Saudita é construído em sua história de petróleo.

The **kingdom** of Saudi Arabia is built on its oil industry.

1551- medir – to measure

Eu preciso **medir** a madeira antes de cortá-la. O jogador mediu a distância até o gol.

I need **to measure** the wood before I cut it. The player measured the distance to the goal.

1552- relatório – report

De acordo com o **relatório** trimestral, a empresa está indo muito bem.

According to the quarterly **report**, the company is doing quite well.

1553- noção – notion

Quem primeiro desenvolveu a **noção** de que a vida evolui?
Who first developed the **notion** that life evolves?

1554- droga – drug

O viciado começou a usar **droga** quando era adolescente.
The addict began using **drugs** when he was a teenager.

1555- mata – jungle, woods, forest

Tem uma **mata** atrás da nossa casa.
There is a **forest** behind our house.

1556- círculo – circle

O papel de parede tinha grandes **círculos** laranja.
The wallpaper had large orange **circles** on it.

1557- observação – observation

A **observação** atenta do suspeito pode produzir novas pistas.
Close **observation** of the suspect may produce new leads.

1558- reclamar – to complain

Ele **reclamou** com o síndico sobre o vazamento.
All Marty ever does is **complain**.

1559- convite – invitation

Jenifer aceitou o **convite** de seus parentes para visitá-los na primavera.
Jenifer accepted her relative's **invitation** to visit in the spring.

1560- definitivo – definitive

O ministro fez uma declaração **definitiva** sobre a crise.
The minister made a **definitive** statement on the crisis.

1561- metal – metal

Ele fez um rápido cálculo **mental**.
He did a quick **mental** calculation.

1562- buraco – hole

Eles observavam a construção através de um **buraco** na parede.
They watched the construction through the **hole** in the wall.

1563- vidro – glass

O tampo da mesa era feito de **vidro**.
The tabletop was made of **glass**.

1564- isolado – isolated

O chalé é bastante **isolado**. Os vizinhos mais próximos estão a um quilômetro de distância.

The cottage is quite **isolated**: your nearest neighbours are two miles away.

1565- sal – salt

Pode me passar o **sal**, por favor?
Can you pass the **salt**, please?

1566- supremo – supreme

Quem é o comandante **supremo** das forças armadas?
Who's the **supreme** commander of the military?

1567- concreto – concrete

Uma estátua feita de **concreto** está na entrada do parque.
A statue made of **concrete** is at the entrance to the park.

1568- individual – individual

Cada apartamento tem a sua sacada **individual**.
Each apartment has its own **individual** balcony.

1569- colher – to harvest, to gather

O fazendeiro **colheu** trigo mais cedo este ano.
The farmer **harvested** his wheat fields early this year.

1570- distante – distant, far

Springfields é **distante** daqui.
Springfield is **far** from here.

1571- estimar – esteem

Joana **estima** seus colegas.
Joana **esteems** her colleagues.

1572- acordar – to wake up

Ele me **acordou** para dizer que eu estava roncando.
He **woke** me **up** to tell me I was snoring.

1573- raio – ray

Os **raios** do sol romperam as nuvens.
The sun's **rays** broke through the clouds.

1574- suportar – to endure, to support, to bear

O amor do casal tinha **suportado** desafios e tribulações.
The couple's love had **endured** trials and tribulations.

1575- honra – honor

A comunidade o conhecia como um homem de **honra**.
The community knew him as a man of **honor**.

1576- ameaça – threat, threatening

A **ameaça** do ladrão foi suficiente para que todos cooperassem.
The thief's **threat** was enough to get everyone to cooperate.

1577- sindicato – workers' union, syndicate

O **sindicato** de instituições financeiras é administrado por uma empresa controladora.
The **syndicate** of financial institutions is managed by one parent company.

1578- encher – to fill

Ele **encheu** a garrafa com água.
He **filled** the bottle with water.

1579- herói – hero

Ele foi um **herói** por ter salvado a garota do incêndio.
He was a **hero** for saving the girl from the fire.

1580- precisamente – precisely

Precisamente às 07:00, os sinos da igreja começaram a tocar.
At **precisely** 7 o'clock, the church bells began to chime. The rules need to be precisely defined.

1581- específico – specific

Nós não sabemos a causa **específica** do acidente, mas estamos investigando.
We don't know the **specific** cause of the accident, but we are investigating.

1582- pesado – heavy

Não tente erguer a caixa. Está **pesada**.
Don't try to lift the box. It is **heavy**.

1583- extremamente – extremely

Não está apenas frio hoje, está **extremamente** gelado!
It's not just chilly today, it's **extremely** cold!

1584- aventura – adventure

Nossa viagem como mochileiros pela Europa foi uma grande **aventura**.
Our backpacking trip through Europe was quite an **adventure**.

1585- lógica – logic

A **lógica** sugere que a maioria das pessoas favoreceria a primeira proposta.
Logic suggests that most people would favour the first proposal.

1586- parecer – opinion, appearance

No meu **parecer** a pena de morte é imoral.
It's my **opinion** that the death penalty is morally wrong.

1587- assistência – assistance

Lucy terminou de construir o gazebo com a **assistência** de Dexter e seus amigos.
Lucy finished building the gazebo with the **assistance** of Dexter and his friends.

1588- justo – just, fair

O patrão tomou uma decisão **justa** que ambos souberam respeitar.
Their boss made a **fair** decision that they could both respect.

1589- montanha – mountain

Os Alpes são algumas das **montanhas** mais impressionantes.
The Alps are some of the most impressive **mountains**.

1590- regresso – return

Precisamos preparar-nos para seu **regresso**.
We must prepare for his **return**.

1591- humanidade – humanity

Esta nova descoberta irá beneficiar toda a **humanidade**.
This new discovery will benefit all **humanity**.

1592- apresentação – presentation

Amanhã tenho que fazer uma **apresentação** sobre o novo software.
Tomorrow I have to give a **presentation** on the new software.

1593- academia – academy, gym

Eu gosto de ter aulas de kickboxing na **academia**.
I like to take kickboxing classes at the **gym**.

223

1594- interessado – interested (party)

Estou **interessado** em começar meu próprio negócio.
I'm **interested** in starting my own business.

1595- colocar – to put

Por favor, **coloque** o email no slot da caixa de correio.
Please **put** the mail into the slot of the mailbox.

1596- ai – oh, ouch, ow

Ai, isso dói!
Ouch, it hurts!

1597- universal – universal

É um princípio **universal** que todas as pessoas têm direito à vida,
à liberdade e à busca da felicidade.
It is a **universal** principle that all people have the right to life,
liberty and the pursuit of happiness.

1598- inteligência – intelligence

Gabriel é muito **inteligente**, mas não significa que tenha boas
prioridades.
Gabriel has a lot of **intelligence**, but that doesn't mean he has
good priorities.

1599- recordar – to recall, to remember

Eu **recordo** me do dia em que você nasceu.
I **remember** the day you were born.

1600- caça – hunt

O fazendeiro sempre leva seus cachorros consigo para a **caça**.
The farmer always takes his dogs out on the **hunt** with him.

1601- capítulo – chapter

Com oitenta **capítulos**, este é um livro bem longo.
At eighty **chapters**, it's a very long book.

1602- frequentar – to attend

Edite **frequenta** a igreja todo domingo.
Edith **attends** church every Sunday.

1603- prosseguir – to proceed

Sinto muito por interromper você, por favor, **prossiga**.
I'm sorry for interrupting you; please **proceed**.

1604- choque – shock

O **choque** com a morte de seu pai realmente a afligiu.
The **shock** of her father's death really hurt her.

1605- mulato – mulatto

Shaun era **mulato**, o que significa que viver em uma pequena cidade no Alabama não era seguro no começo do século 20.
Shaun was **mulatto**, which meant that living in a small town in Alabama wasn't safe in the early 20th century.

1606- escrita – writing

Sua **escrita** era pouco legível.
His **writing** was hardly legible.

1607- adulto – adult

Um veado jovem tem chifres menores do que um veado **adulto**.
An immature deer has much smaller antlers than an **adult** deer.

1608- tender – to tend to

Julia **tende** a ficar chateada se qualquer um fizer a menor crítica ao trabalho dela.
Julia **tends** to get upset if anyone makes the slightest criticism of her work.

1609- gestão – management, administration

Sua **gestão** do tema foi exemplar.
His **management** of the issue was exemplary.

1610- rever – to see again, to look over, to examine

Eu preciso ir agora, foi bom **rever** você!
I have to go now – nice **to see you again**!

1611- serra – mountain rango, saw

Paul cortou a árvore com uma **serra**.
Paul cut down the tree with a **saw**.

1612- forno – oven

O jantar está no **forno** e ficará pronto em uma hora.
The dinner is in the **oven** and will be ready in an hour.

1613- médio – middle, average

A temperatura **média** desta cidade no verão é de 28 graus.
The **average** temperature of this city in the summer is 28 degrees.

1614- instalação – installation

A **instalação** do novo banheiro levou mais de uma semana.
The **installation** of the new bathroom took over a week.

1615- democrático – democratic

Reformas **democráticas** resultaram em eleições mais livres lá.
Democratic reforms have resulted in freer elections there.

1616- proprietário – owner, proprietor

Você deve pedir diretamente ao **proprietário** pelo reembolso.
You must ask the **proprietor** directly for a refund.

1617- orçamento – budget, financing

Fiona criou um **orçamento** para os gastos da família.
Fiona created a family spending **budget**.

1618- temer – to fear

Eu **temo** que eles tenham se envolvido num acidente.
I **fear** that they were in an accident.

1619- debate – debate, discusion

O grupo de amigos discutia os temas do texto e o **debate** durou
algum tempo.
The group of friends were discussing the themes of the text and
their **debate** went on for some time.

1620- implicar – to involve, to imply

Ele aceitou os compromissos **implicados** na filiação.
He accepted the commitments which membership would **imply**.

1621- facilitar – to facilitate, to ease

A empresa pagará a você um subsídio de recolocação para
facilitar sua mudança para o escritório de Nova York.
The company will pay you a relocation allowance **to facilitate**
your move to the New York office.

1622- realização – accomplishment, fulfillment

Christina comemorou sua **realização** com um sundae.
Christina celebrated her **accomplishment** with an ice cream sundae.

1623- disponível – available

Esta camisa está **disponível** em outras cores?
Is this shirt **available** in any other colours?

1624- repousar – to rest

Depois de subir aquela montanha, tive que **repousar** por três dias!
After climbing that mountain, I had **to rest** up for three days!

1625- continente – continent

Qual **continente** está completamente no hemisfério sul?
Which **continent** lies completely in the southern hemisphére?

1626- líquido – liquid

O que é esse **líquido** no chão da garagem?
What's that **liquid** on the garage floor?

1627- teste – test, exam

Tenho um **teste** de alemão hoje e espero ter bom resultado.
I have a German **test** today, and hope I get good results.

1628- junta – council, commission

A governadora apontou uma **junta** para aconselhá-la em assuntos educacionais.
The governor appointed a **council** to advise her on educational matters.

1629- talento – talent

A professora falou para os pais que a filha deles mostrou um **talento** excepcional.
The teacher told the parents that their daughter showed exceptional **talent**.

1630- dona – mrs, madam, owner

A **dona** garantiu que o bordel funcionasse sem problemas o tempo todo.
The **madam** ensured the brothel ran smoothly at all times.

1631- variar – to vary

Adam acha que o humor de seu chefe **varia** de um dia para o outro.
Adam finds his boss's mood **varies** from one day to the next.

1632- contemporâneo – contemporary

Políticos **contemporâneos** têm uma grande ênfase em questões sociais.
Contemporary politics have a heavy emphasis on social issues.

1633- seção – department, section

A **seção** da asa está ligada à fuselagem com prendedores de titânio.
The wing **section** is connected to the fuselage with titanium fasteners.

1634- escritório – office

Meu **escritório** está no terceiro andar.
My **office** is on the third floor.

1635- barato – cheap, inexpensive

Frank prefere comprar lâminas **baratas**.
Frank prefers to buy **cheap** razors.

1636- atirar– to shoot, to throw

O pai de Roberto o ensinou a **atirar** quando ele era um menininho.
Robert's father taught him **to shoot** when he was a little boy.

1637- relativo – relative

Algumas pessoas pensam que é aceitável cometer atos de mal **relativo** para combater o mal absoluto.
Some people think it is acceptable to commit acts of **relative** evil in order to combat absolute evil.

1638- pedaço – chunk, piece

Papai tem de comer o maior **pedaço** de carne do guisado.
Father gets to eat the biggest **chunk** of meat in the stew.

1639- presidência – presidency

Ela alegou que era hora de uma mulher reivindicar a **presidência**.
She claimed that it was time for a woman to claim the **presidency**.

1640- piano – piano

Há um **piano** na frente de uma parede da sala. Minha prima aprendeu a tocar o piano quando era uma criança.
There is a **piano** against one wall of the room. My cousin learned to play the piano when she was a child.

1641- negociar – to negotiate

Este curso é para os vendedores aprenderem a **negociar**.
This course is for salesmen to learn to **negotiate**.

1642- vago – vague, vacant

Karen conseguia distinguir uma forma **vaga** na névoa, mas não tinha certeza do que era.

Karen could make out a **vague** shape in the mist, but she wasn't sure what it was.

1643- tratado – treaty

O **tratado** define limites para a emissão de gases de efeito estufa. O presidente e o primeiro-ministro assinaram o tratado hoje.

The **treaty** sets limits for greenhouse gas emissions. The President and the Prime Minister signed the treaty today.

1644- superfície – surface

Julgando pela **superfície**, você pensaria que Helen não liga para nada no mundo.

To judge by the **surface**, you would think Helen didn't have a care in the world.

1645- derrubar – to overthrow, to demolish

O antigo prédio comercial foi **derrubado** para abrir espaço para um novo shopping.

The old office building was **demolished** down to make place for a new shopping mall.

1646- padrão – standard, pattern

Você gosta do **padrão** da minha camisa?
Do you like the **pattern** on my shirt?

1647- operário – worker, laborer, operator

Os **operários** entraram em greve por mais dinheiro.
The **workers** went on strike for more money.

1648- fórmula – formula

Os alunos tiveram que memorizar muitas **fórmulas** na aula de álgebra.

The students had to memorize a lot of **formulas** in the algebra class.

1649- transportar – to carry, to transport

Casas Bahia **transportou** as mercadorias da fábrica para lojas de varejo ao redor do país.

Casas Bahia **transported** the goods from the factory to retail outlets around the country.

1650- esclarecer – to clear up, to clarify

É importante **esclarecer** o que a mudança na lei significa.

It is important **to clarify** what the change in the law will mean.

1651- distribuição – distribution

É preciso haver uma **distribuição** mais justa de renda neste país.

There needs to be a fairer **distribution** of wealth in this country.

1652- lento – slow

Enquanto ela corre rápido, eu já sou um corredor mais **lento**.

While she runs fast, I am more of a **slow** runner.

1653- concurso – contest

Há um **concurso** de dança sendo realizado na cidade no sábado.

There is a dance **contest** being held in town on Saturday.

1654- sobreviver – to survive

A raposa **sobreviveu** depois de escapar da armadilha.

The fox **survived** after escaping from the trap.

1655- freguesia – municipality, clientele

A **freguesia** do pub saiu aos bandos quando a proibição de fumar chegou.

The pub's **clientele** left in droves when the smoking ban came in.

1656- férias – vacation, holidays

Vou sair de **férias** semana que vem.

I am going on **holiday** next week.

1657- arranjar – to arrange, obtain

Ele **arranjou** os livros em ordem alfabética.

He **arranged** the books in alphabetical order.

1658- nervoso – nervous

Atravessar a rua no meio do trânsito me deixa **nervoso**.

Crossing the street against traffic makes me **nervous**.

1659- surpresa – surprise

A ligação de seu irmão distante foi uma **surpresa** genuína.

The call from his long-lost brother was a genuine **surprise**.

1660- introduzir – to introduce

A carga da Jamaica **introduziu** o inseto letal na Espanha.

The cargo from Jamaica **introduced** the deadly insect into Spain.

1661- seleção – selection, team of selected players

A **seleção** de basquetebol ganhou seu primeiro jogo.

The basketball **team** won its first game.

1662- progresso – progress

O **progresso** do projeto estava adiantado.

The project's **progress** was ahead of schedule.

1663- tiro – shot

O **tiro** dele passou zunindo pelas orelhas dela.
The **shot** whistled past her ears.

1664- exigência – demand, requirement

Os trabalhadores ameaçaram fazer greve caso suas três **exigências** não fossem cumpridas.
The workers threatened to strike if their three **demands** were not agreed to.

1665- opção – option

Suas **opões** são ir para a universidade ou arranjar um trabalho.
Your **options** are to go to university or to get a job.

1666- vasto – wide, vast

Os exploradores partiram para atravessar o **vasto** deserto.
The explorers set out to cross the **vast** desert.

1667- promessa – promise

Tanto quanto eu estou preocupado, a **promessa** de Helen é toda a garantia que eu preciso que ela faça isso.
As far as I'm concerned, Helen's **promise** is all the guarantee I need that she will do it.

1668- laboratório – laboratory

O **laboratório** foi montado para experimentos genéticos.
The **laboratory** was set up for genetics experiments.

1669- benefício – benefit

Há **benefícios** em se possuir um carro.
There are **benefits** to owning a car.

1670- nascimento – birth

Muitos dizem que o **nascimento** da civilização aconteceu no Oriente Médio.
Many say the **birth** of civilization occurred in the Middle East.

1671- básico – basic

Ele tem uma noção **básica** de como um carro funciona.
He has a **basic** understanding of how a car works.

1672- semente – seed

A maioria das **sementes** de flor devem ser plantadas em solo aquecido.
Most flower **seeds** should be planted in warm soil.

1673- osso – bone

Alguns **ossos** de dinossauro foram descobertos perto do rio.
Some dinosaur **bones** were discovered near the river.

1674- frequência – frequency

Protestos estão começando a acontecer com mais **frequência** na capital.
Protests started happening with more **frequency** in the capital.

1675- conquista – conquest

Este baú antigo é uma das **conquistas** de Vanda no leilão.
This antique chest is one of Vanda's **conquests** from the auction.

1676- arquitetura – architecture

Andrea graduou-se no colegio de **arquitetura**.
Andrea graduated from the college of **architecture**.

1677- encaminhar – to direct, to put on the right path

O supervisor estava **encaminhando** um estagiário quanto à operação do equipamento.

The supervisor was **directing** a trainee to operate the machine.

1678- fiel – faithful

Tomas era um soldado **fiel**.

Tomas was a **faithful** soldier.

1679- em seguida – afterwards, then

Ele foi ao correio e **em seguida** ao banco.

He went to the post office, **then** he went to the bank.

1680- escudo – shield, old Portuguese coin

O cavaleiro levantou seu **escudo** para se proteger do golpe de espada do inimigo.

The knight raised his **shield** to protect himself from his enemy's sword blow.

1681- proceder – to proceed

Você poderia me dizer como **proceder**?

Could you please tell me how **to proceed**?

1682- complicado – complicated

Uau, esse filme é **complicado**. O que está acontecendo?

Wow, this film's **complicated** – what's going on?

1683- quadrado – square, squared

Antônio desenhou um **quadrado** no papel.

Tony drew a **square** on the paper.

1684- condenar – to condemn

O réu foi **condenado** à prisão perpétua.
The defendant was **condemned** to life imprisonment.

1685- patrimônio – estate, heritage

O antigo castelo é uma das maiores peças tangíveis do **patrimônio** da nação.
The ancient castle is one of the largest tangible pieces of the nation's **heritage**.

1686- destinado – meant for, destined

Ela está **destinada** a uma carreira musical; ela tem a voz mais linda que já ouvi.
She is **destined** for a career in music; she has the most beautiful voice I have ever heard.

1687- visar – to aim at, to have in sight, to drive at

Nathan estava **visando** o alvo com sua pistola.
Nathan was **aiming at** the target with his pistol.

1688- transformação – transformation

Espere até você ver ele! Você não vai acreditar na **transformação**.
Wait till you see him! You won't believe the **transformation**.

1689- intepretação – interpretation

A **interpretação** do aluno sobre a Guerra Fria era totalmente ridícula.
The student's **interpretation** of the Cold War was totally ridiculous.

1690- veículo – vehicle

Frank tinha que caminhar, por não ter um **veículo**.
Frank had to walk, as he didn't have a **vehicle**.

1691- gato – cat

Eu tenho uma **gata** chamada Tina.
I have a **cat** named Tina.

1692- aéreo – by air, aerial

O Barão Vermelho era famoso por suas façanhas de combate **aéreo**.
The Red Baron was famous for his feats of **aerial** combat.

1693- ontem – yesterday

Ontem fez um dia lindo.
Yesterday was a beautiful day.

1694- conferência – conference

A **conferência** anual da sociedade Shakespeare ocorrerá em breve.
The annual **conference** of the Shakespeare society is soon.

1695- criado – servant

Antes da Segunda Guerra Mundial, muitas famílias do Reino Unido tinham **criados**.
Before the Second World War, many UK households had **servants**.

1696- tecnologia – technology

A **tecnologia** médica já salvou muitas vidas.
Medical **technology** has saved many lives.

1697- adaptar – to adapt

O advogado **adaptou** o contrato para ajustar-se às novas necessidades do cliente.
The lawyer **adapted** the contract to suit his new client's needs.

1698- barra – stripe, bar

As paredes de concreto são reforçadas com **barras** de aço.
The concrete walls are reinforced with steel **bars**.

1699- hotel – hotel

Na viagem a Chicago, eles ficaram num **hotel**.
They stayed in a **hotel** on their trip to Chicago.

1700- mistura – mixture, mix

A professora fez uma **mistura** de revisões diferentes.
The teacher got a **mixture** of different reviews.

1701- obrigado – thank you, obligated

Obrigado! Eu adorei o presente.
Thank you! I liked the gift.

1702- teu – your, yours, thy, thine

Aquele cachorro é **teu**?
Is that **your** dog?

1703- copa – cup (competition), tree top

O garotinho sentou bem no alto da **copa** da árvore.
The young boy sat way up in the **tree top**.

1704- romper – to tear, to rip

Ela **rompeu** o joelho e não poderá jogar.
She's **torn** her knee and won't be able to play.

1705- comandar – to command, lead

Joaquim **comanda** nosso pelotão.
Joaquim **commands** our platoon.

1706- respectivo – respective

No final da noite, Helen e Mary se separaram e foram para suas **respectivas** casas.

At the end of the evening, Helen and Mary parted company and went to their **respective** homes.

1707- avaliação – assessment

O professor dá uma **avaliação** no final de cada aula.

The teacher gives an **assessment** at the end of every lesson.

1708- dolar – dollar

Linda tirou um **dolar** do bolso.

Linda pulled a **dollar** out of her pocket.

1709- identidade – identity

Precisarás provar a tua **identidade** antes de sacar o cheque.

You will need to prove your **identity** before you cash the cheque.

1710- salto – leap, jump

O **salto** nos preços das ações surpreendeu até mesmo os profissionais.

The **jump** in stock prices surprised even the professionals.

1711- centena – a hundred

Arredonde para a milhar mais próxima: não precisamos de **centenas**.

Round up to the nearest thousand: we don't need tens or **hundreds**.

1712- interromper – to interrupt

Ele me **interrompeu** no meio da frase.

He **interrupted** me in mid-sentence.

1713- músico – musician, musical

Um bom **músico** de piano faz sua arte parecer fácil.
A good piano **musician** makes his art look easy.

1714- capa – cover, cape, cloak

Nick precisa de uma **capa** para sua fantasia de Halloween.
Nick needs a **cape** for his Halloween costume.

1715- roubar – to steal, rob

Os ladrões **roubaram** meu carro!
The thieves **stole** my car!

1716- paciente – patient

O médico disse que o **paciente** estava curado e poderia receber alta do hospital.
The doctor said the **patient** was cured and could be released from hospital.

1717- jurídico – judicial

The biblioteca ganhou mais cinco exemplares de textos **judiciais**.
The library won five more copies of **judicial** texts.

1718- adversário – opponent, adversary

Ela derrotou sua **oponente** sem perder um set na partida de tênis.
She defeated her **opponent** in straight sets at the tennis match.

1719- prejuízo – damage, loss

Você não quer sair com a gente hoje à noite? Oh, tudo bem, o **prejuízo** é seu!
You don't want to come out with us tonight? Oh well, your **loss**!

1720- capela – chapel

A **capela** ao lado da igreja foi construída muito antes.
The **chapel** beside the church was built much earlier.

1721- grego – Greek

A comida **grega** pega elementos tanto da tradição turca e de tradições mais ocidentais.
Greek food borrows both from Turkish and from more western traditions.

1722- episódio – episode

Eu perdi o **episódio** em que romperam com o noivado.
I missed the **episode** where they broke off their engagement.

1723- composição – composition

Os estudantes precisam escrever uma **composição** por semana.
Students are required to write one **composition** each week.

1724- adiantar – to put forth, to move forward

A empresa está **adiantando** a produção de seu novo telefone.
The company is **moving forward** with the production of its new phone.

1725- ciclo – cycle

A aula de geologia de hoje é sobre o **ciclo** que a água faz na atmosfera: evaporação, condensação e precipitação.
Geology class today was about the **cycle** that water makes in the atmosphere: evaporation, condensation, precipitation.

1726- existente – existing

O projeto visa catalogar todas as espécies vegetais **existentes** nessas florestas.

The project aims to catalogue all the **existing** plant species in these forests.

1727- excesso – excess

Se a sua bagagem pesa mais de 20 kg, você terá que pagar uma taxa à companhia aérea pelo transporte de **excesso** de bagagem.
If your luggage weighs more than 20 kilograms, you will have to pay the airline a fee for carrying **excess** baggage.

1728- teto – ceiling

O **teto** do quarto era pintado de azul.
The **ceiling** in the bedroom was painted blue.

1729- rosto – face

Minha garota tem um **rosto** bonito.
My girls has a pretty **face**.

1730- revolucionário – revolutionary

As ideias dela para transformar a industria são **revolucionárias**.
Her ideas for transforming the industry are **revolutionary**.

1731- lobo – Wolf

O **lobo** uivou para a lua.
The **wolf** howled at the moon.

1732- açúcar – sugar

Gosto de **açúcar** no meu café.
I like **sugar** in my coffee.

1733- denunciar – to denounce

As autoridades **denunciaram** o oficial por corrupção.
The authorities **denounced** the official for corruption.

1734- associado – associated, associate

O homem de camiseta listrada é o produtor **associado** do filme.
The man in the striped shirt is the **associate** producer of the film.

1735- organismo – organism, organization

Milhares de pequenos **organismos** vivem em um punhado de terra.
Thousands of tiny **organisms** live in a handful of soil.

1736- rendimento – profit, revenue

A empresa pagou todo os impostos devidos sobre o **rendimento** no último exercício fiscal.
The company has paid all taxes due on its **revenue** for the last financial year.

1737- rumo – course of action, way, path

É difícil saber que **rumo** tomar na vida.
It's hard to know which **course** to take in life.

1738- encerrar – to close, to end

Vamos **encerrar** as negociações aqui.
Let's **close** the negotiations now.

1739- concerto – concert

A orquestra sinfônica deu um **concerto** no parque.
The symphony orchestra gave a **concert** in the park.

1740- eletrônico – eletronic

A maioria das casas hoje em dia tem muitos itens de equipamentos **eletrônicos**.
Most homes nowadays have many items of **electronic** equipment.

1741- mostra – sampling, exhibition, display

A **mostra** de afeto deles era obviamente falsa, pois eles se separaram logo em seguida.
Their **display** of affection was obviously false, as they got divorced shortly afterwards.

1742- trecho – excerpt, passage

Minha autobiografia acaba de ser publicada. Permita-me ler um **trecho** para você.
My autobiography has just been published. Allow me to read you an **excerpt**.

1743- intervir – to intervene

Ninguém estava disposto a **intervir** na disputa.
No-one was willing to **intervene** in the dispute.

1744- ferir – to wound, to hurt

Ele **feriu** a perna e teve que sair do jogo.
He **hurt** his leg and had to leave the game.

1745- agência – agency

A **agência** de empregos no centro da cidade pode ajudá-lo a encontrar um bom emprego.
The employment **agency** downtown can help you find a good job.

1746- latino – relating to Latin America, Latin

Ele foi especialmente popular em países da América **Latina**, como México, Argentina e Brasil.
He was especially popular in **Latin** American countries such as Mexico, Argentina and Brazil.

1747- placa – plate, sign

A **placa** dizia para parar.
The **sign** said to stop.

1748- mandato – mandate

O governo teve um **mandato** explícito em lidar com a poluição no país.
The government had a clear **mandate** to deal with the pollution in the country.

1749- praticamente – practically

Nós abordamos o problema **praticamente** e encontramos uma solução.
We approached the problem **practically** and found a solution.

1750- estabelecimento – establishment

O **estabelecimento** da Igreja da Inglaterra ocorreu em 1534.
The **establishment** of the Church of England took place in 1534.

1751- ignorar – to ignore

Ela é tão chata. Vou **ignorá**-la.
She is so annoying. I just **ignore** her.

1752- brilhante – bright, brilliant

O sol está **brilhante** hoje.
The sun is **bright** today.

1753- ser – being

Muitas pessoas acreditam que a galáxia está cheia de **seres** inteligentes.
Many people believe that the galaxy is full of intelligent **beings**.

1754- saco – bag, sack, pouch

O Papai Noel carrega um **saco** cheio de presentes em seu trenó.
Santa carries a **sack** full of presents on his sleigh.

1755- departamento – department

Ele trabalha no **Departamento** Financeiro.
He works in the accounting **department**.

1756- amizade – friendship

A **amizade** entre eles dura anos.
Their **friendship** has lasted for years.

1757- perfil – profile

A polícia está traçando o **perfil** do assassino.
The police are tracing the killer's **profile**.

1758- porco – pig, pork

Temos muitos **porcos** na nossa fazenda.
We have a lot of **pigs** on our farm.

1759- assentar – to settle, rest on

A poeira **assentou** nos carros antes do vento soprá-la para dentro.
The dust **settled** on the cars after the winds blew it in.

1760- produtor – producing, producer

Essa empresa é uma das maiores **produtoras** de bens elétricos do país.
This company is one of the country's main **producers** of electrical goods.

1761- retrato – picture, portrait

Esse fotógrafo especializou-se em **retratos**.
This photographer specialises in **portraits**.

1762- bruto – rude, gross (income or manner)

O prêmio **bruto** do carro era de R$ 20.000.
The **gross** price of the car was $20,000.

1763- queimar – to burn

Ele **queimou** os documentos de modo que ninguém jamais os visse.
He **burned** the documents so nobody would ever see them.

1764- globo – globe

A large **globe** sits on one corner of his desk.
Um grande **globo** fica no canto de sua mesa.

1765- bispo – bishop

Nosso conjunto de xadrez está sem um dos **bispos**.
Our chess set is missing one of the **bishops**.

1766- mente – mind

A **mente** percebe o que os olhos não conseguem ver.
The **mind** can perceive what the eyes cannot see.

1767- parlamentar – parliamentary

O estudante de direito estudava os procedimentos **parlamentares** de nomear, destacar e fazer moções.
The law student was studying the **parliamentary** procedures of nominating, seconding, and making motions.

1768- significado – significant, meaning

Qual é o **significado** de "esguio"?
What is the **meaning** of 'lean'?

1769- falha – flaw, fault, failure

A **falha** na comunicação era responsável pela maior parte dos conflitos entre os empregados.
The **failure** to communicate was responsible for most of the conflict between employees.

1770- marcha – march, long walk, parade

Vamos ver a **marcha** de aniversário da rainha?
Shall we go and see the Queen's birthday **march**?

1771- horário –hours, schedule

Ela normalmente passa seu **horário** de almoço na academia.
She usually spends her lunch **hour** at the gym.

1772- extensão – extension, extent

Qual a **extensão** do dano?
What is the **extent** of the damage?

1773- vaca – cow

A **vaca** precisava ser ordenhada duas vezes ao dia.
The **cow** needed to be milked twice daily.

1774- paulista – Paulista (from São Paulo)

Avenida **Paulista** é uma das mais importantes avenidas de São Paulo.
Paulista Avenue is one of the most important avenues in São Paulo, Brazil.

1775- foto – photo

Quer ver as **fotos** da nossa viagem à Argentina?
Do you want to see the **photos** from our trip to Argentina?

1776- aplicação – application

A ferramenta tem bom aspecto, mas não parece ter nenhuma
aplicação prática.
The tool looks good, but doesn't seem to have any practical
application.

1777- rato – mouse

O gato perseguiu o **rato**.
The cat chased the **mouse**.

1778- conteúdo – content

O **conteúdo** da redação é interessante e importante.
The **content** of the essay is interesting and important.

1779- inúmero – innumerable

O estudante preguiçoso inventou **inúmeras** desculpas e
atribuições perdidas.
The lazy student invented **innumerable** excuses and missed
assignments.

1780- constitucional – constitutional

Não há garantia **constitucional** de felicidade.
There is no **constitutional** guarantee of happiness.

1781- escala – scale

Esse mapa é desenhado em **escala** de mil para um.
The map is drawn on a thousand to one **scale**.

1782- negociação – negotiation

A disputa foi finalmente resolvida por **negociação**.
The dispute was finally settled by **negotiation**.

1783- criador – creator

O **criador** de Tintin morreu em 1983.
The **creator** of Tintin died in 1983.

1784- felicidade – happiness

Dizem que não se pode comprar a **felicidade**.
They say that you can't buy **happiness**.

1785- depósito – deposit, safe, warehouse

O extrato bancário mostra **depósitos** em uma coluna e saques em outra.
The bank statement shows **deposits** in one column and withdrawals in another.

1786- instrução – formal schooling, instruction

Por favor, leia as **instruções** cuidadosamente antes de usar este aparelho.
Please read the **instuctions** carefully before using this appliance.

1787- comprido – long

Eu gosto de usar meu cabelo **comprido**.
I like to wear my hair **long**.

1788- time – team

O **time** de futebol ganhou seu segundo jogo.
The football **team** won its second game.

1789- dançar – to dance

He **dançou** a música.
He **danced** to the music.

1790- conservar – to keep, to conserve

David **conservou** os vegetais em salmoura.
David **conserved** the vegetables in brine.

1791- tela – screen, painting canvas

Todo o mundo olhou para a **tela** quando o filme começou.
Everybody looked at the **screen** as the movie started.

1792- disputar – to compete, dispute

A **disputa** dos vizinhos por causa da localização exata do limite
das propriedades durara anos.
The neighbours' **dispute** over the precise location of the boundary
between their properties had been going on for years.

1793- adolescente – adolescent, teenager

Os **adolescentes** às vezes podem ser difíceis, mas também podem
ser bem divertidos.
Teenagers can sometimes be difficult, but they can also be a lot of
fun.

1794- restante – remaining, rest, remainder

Os itens **restantes** foram empacotados e doados para caridade.
The **remaining** items were boxed up and donated to charity.

1795- sólido – solid

O gelo é uma massa **sólida**.
The ice formed a **solid** mass.

1796- nobre – noble, nobleman

Foi **nobre** da sua parte dar seu lugar à mesa.
It was **noble** of you to give up your seat at the table.

1797- balanço – balance

O **balanço** patrimonial mostra um aumento saudável no movimento de vendas.
The **balance** sheet shows a healthy increase in turnover.

1798- corrigir – to correct

O professor precisa **corrigir** os trabalhos para sexta-feira.
The teacher needs to **correct** the papers by Friday.

1799- passageiro – passenger

Vários **passageiros** se machucaram no acidente.
Several **passengers** were hurt in the accident.

1800- facilildade – ease

A **facilidade** com a qual ele aprende línguas é impressionante.
The **ease** with which he learns languages is amazing.

1801- forçar – to force

A polícia **forçou** a porta.
The police **forced** the door.

1802- mecanismo – mechanism

Um **mecanismo** insere os parafusos e os aperta.
A **mechanism** inserts the bolts and then tightens them.

1803- álcool – alcohol

Limpar uma ferida aberta com **álcool** é doloroso.
Cleaning a fresh wound with **alcohol** is painful.

1804- convênio – agreement, accord

Os dois cavalheiros têm um **convênio** para cessar a briga.
The two gentlemen have an **accord** to cease fighting.

1805- curva – curve

Nós praticamos desenhar **curvas** no começo da aula de artes.
We practiced drawing **curves** at the beginning of art class.

1806- concentração – concentration

A minha capacidade de **concentração** já não é o que era.
My powers of **concentration** aren't what they used to be.

1807- desconhecido – unknown

Muitos dos fatos desse caso são **desconhecidos**, então não
podemos dizer com certeza o que aconteceu.
Many of the facts of this case are **unknown**, so we can't say for
certain what happened.

1808- asa – wing, wingspan

O pássaro bateu suas **asas** e subiu ao céu.
The bird flapped its **wings** and rose into the sky.

1809- mudo – silent, mute

O prisioneiro permaneceu **mudo** quando a sentença foi lida.
The prisoner remained **mute** when the sentence was read.

1810- cama – bed

Vou pôr lençóis limpos na sua **cama**.
I will put clean sheets on your **bed**.

1811- empresário – entrepreneur, business

Local **businessmen** were invited to inspect the new offices.
Empresários locais foram convidados a inspecionar os escritórios novos.

1812- distinto – distinct, distinctive

Jeremias ouviu o **distinto** chamado do melro.
Jeremy heard the blackbird's **distinct** call.

1813- especialista – specialist

Precisamos de um **especialista** em Sartre para entrar e conversar em nossa conferência sobre o existencialismo francês.
We need a Sartre **specialist** to come and talk at our conference on French existentialism.

1814- julgamento – judgment

O **julgamento** resultou em aplausos na corte.
The **judgment** brought applause in the courtroom.

1815- elevar – to raise, elevate

We **raised** the beach umbrella by six inches.
Nós **elevamos** o guarda-sol em 15 centímetros.

1816- nomeadamente – namely, more specifically

Josué sempre quis ter sucesso na vida; **nomeadamente**, ele queria ficar rico.
Josh always wanted to succeed in life; **namely**, he wanted to get rich.

1817- exibir – exhibit, display

O artista vai **exibir** suas últimas obras semana que vem na Prefeitura Municipal.
The artist will **exhibit** his latest works in the town hall next week.

1818- êxito – sucess

Você podia medir o **êxito** dele pelo tamanho de sua casa.
You could see his **success** by the size of his house.

1819- internacional – international

O inglês é a língua **internacional** da aviação.
English is the **international** language of aviation.

1820- afirmação – affirmation

Eu tenho uma lista de **afirmações** que repito todas as manhãs antes de me levantar.
I have a list of **affirmations** that I repeat each morning before I get up.

1821- fuga – escape, flight (fugitive)

A **fuga** dos prisioneiros chocou todo o mundo.
The prisoners' **escape** shocked everyone.

1822- reforçar – to reinforce

Novas tropas chegaram para **reforçar** as que já estavam no local.
New troops arrived to **reinforce** those already on the ground.

1823- engenharia – engineering

Ela estuda **engenharia** na universidade.
She is studying **engineering** at university.

1824- ah – ah, oh

Ah, agora entendi; você está me pedindo dinheiro.
Ah, now I get it; you're asking me for money.

1825- confusão – confusion

Em sua **confusão**, Paul não entendeu o que estava olhando.
In his **confusion**, Paul didn't understand what he was looking at.

1826- bar – bar

O novo **bar** da cidade serve muitas cervejas diferentes.
The new **bar** in town serves lots of different beers.

1827- parente – relative, extended family member

Lídia é minha prima, então isso a torna uma **parente**.
Lidia is my cousin, so that makes her a **relative**.

1828- recentemente – recently

Eles casaram-se **recentemente**.
They were **recently** married.

1829- primário – primary, elementary

Nossa preocupação **primária** é o bem-estar de nossos funcionários.
Our **primary** concern is the welfare of our employees.

1830- definição – definition

Amanda procurou no dicionário a **definição** de "benéfico".
Amanda looked up the **definition** of "beneficial" in the dictionary.

1831- gesto – gesture

Os **gestos** selvagens de Paul quando ele falava eram às vezes um pouco assustadores.
Paul's wild **gestures** when he talked were sometimes a little bit frightening.

1832- liberal – liberal

Programas sociais **liberais** são o que criou essa dívida.
Liberal social programs are what created this debt.

1833- licença – license, permition

Pedro tinha **licença** para sua arma.
Peter had a **license** for his gun.

1834- contemplar – to contemplate

Lauren **contemplava** a reflexão dela na janela.
Lauren **contemplated** her reflection in the window.

1835- funcionamento – operation, functioning

O **funcionamento** desta máquina é bem simples.
The **operation** of this machine is quite simple.

1836- correio – mail (box), post (office)

A conta será enviada com o **correio** de hoje.
The bill is going out in today's **post**.

1837- fechado – closed

Por favor, deixe a porta do quarto **fechada**.
Please keep the bedroom door **closed**.

1838- revolta – revolt

O exército conseguiu com sucesso uma **revolta** no Oeste.
The army have successfully put down a **revolt** in the west.

1839- cumprimento – compliment, fulfillment

Todos os bens devem ser entregues no prazo para o **cumprimento**
do contrato.

All goods must be delivered on time for **fulfillment** of the contract.

1840- banho – bath

Sandra sentiu-se muito melhor depois de tomar um **banho** de banheira quente.
Sandra felt much better after a hot **bath**.

1841- depressa – quickly, fast

Ela correu **depressa** para pegar o trem.
She ran **fast** to catch the train.

1842- ocupação – occupation

Christina acha sua **ocupação** como escritora muito satisfatória.
Christina finds her **occupation** as a writer very satisfying.

1843- reflexão – reflection

O **reflexo** do sol no seu relógio deixou-o momentaneamente cego.
He was momentarily blinded by the **reflection** of the sun off his watch.

1844- percurso – route, path

O cavalo conhecia o **percurso** para casa perfeitamente.
The horse knew the **route** home perfectly.

1845- orientar – to direct, guide, orient

O trabalho de Martin era **orientar** novos alunos durante a primeira semana no campus.
Martin's job was **to orient** new students during their first week on the campus.

1846- planeta – planet

Existem oito **planetas** no nosso sistema solar.
There are eight **planets** in our solar system.

1847- voo – flight

O empresário não teve tempo de esperar pelo **voo** programado.
The businessman didn't have time to wait for the scheduled **flight**.

1848- rir – laugh

Ela **ria** de todas as suas piadas.
She **laughed** at all his jokes.

1849- parceiro – partner, social or game friend

Dormir pode ser difícil quando seu **parceiro** ronca.
Sleep can be difficult if your **partner** snores.

1850- homenagem – homage, honor

A noite foi uma **homenagem** ao falecido reitor da igreja.
The evening was a **homage** to the late rector of the church.

1851- fundação – foundation, founding

A universidade tornou-se altamente prestigiada em poucos anos de sua **fundação**.
The university has become highly prestigious in the few years since its **foundation**.

1852- comprometer – to commit

Você tem que estar disposta a se **comprometer** com o programa por pelo menos três meses.
You must be willing **to commit** to the program for at least three months.

1853- mapa – map

Tens um **mapa** da Espanha?
Do you have a **map** of Spain?

1854- cópia – copy

Preciso de cinco **cópias** da sua tese até sexta-feira.
I need five **copies** of your thesis by Friday.

1855- pairar – to hover, to hang over

O helicóptero **pairou** sobre o estádio de beisebol.
The helicopter **hovered** above the baseball stadium.

1856- secundário – secondary, supporting

A segurança é nossa principal preocupação; todos os outros
assuntos são **secundários**.
Safety's our main concern; all other matters are **secondary**.

1857- sessão – session

A banda está se encontrando no estúdio de gravação para uma
sessão.
The band is meeting at the recording studio for a **session**.

1858- atuação – performance, acting

Ganhou um Oscar por sua **atuação** no filme.
Her **performance** in the movie won her an Oscar.

1859- consideração – consideration

Depois de alguma **consideração** sobre a proposta de Alistair,
Greta a recusou.
After some **consideration** of Alistair's proposal, Greta turned him
down.

1860- ensaio – rehearsal, practice

O **ensaio** da orquestra começa imediatamente após a escola.
Orchestra **practice** begins immediately after school.

1861- projetar – to project, to make plans

Os economistas **projetam** o crescimento do PIB em 3% no próximo ano.
Economists **project** GDP growth of 3% next year.

1862- estadual – relating to the state

A lei **estadual** proíbe a velocidade.
State law prohibits speeding.

1863- mal – evil

Ele escolheu o menor dos dois **males**.
He chose the lesser of the two **evils**.

1864- conde – count

Don Juan foi o **conde** de Barcelona.
Don Juan was the **Count** of Barcelona.

1865- proporção – proportion

Que **proporção** de moradores locais são latinos?
What **proportion** of local residents are Latino?

1866- cantor – singer

Os **cantores** de apoio estavam ótimos no concerto.
The backup **singers** were amazing at the concert.

1867- oferta – supply, offer

Você deveria aceitar sua **oferta** para ajudá-la a encontrar trabalho.
You should accept his **offer** to help you find work.

1868- antigamente – used to, anciently

As inscrições **antigamente** escritas nas pirâmides ainda podem ser lidas.
The **Anciently** written inscriptions in the pyramids can still be read.

1869- debaixo – under, beneath, below

O mecânico está trabalhando **debaixo** o carro.
The mechanic is working **under** the car.

1870- confiar – to trust

Eu **confio** no meu irmão.
I **trust** my brother.

1871- leão – lion

Dizem que o **leão** é o rei da selva.
They say the **lion** is the king of the jungle.

1872- colaborar – to collaborate

We **collaborated** on a research project last year.
Colaboramos em um projeto de pesquisa no ano passado.

1873- judeu – Jew

Ela se casou com um **judeu**, mas nunca se converteu.
She married a **Jew** but never converted.

1874- aprovar – to approve

Os pais da Isabela não **aprovam** seu namoro com Pedro.
Isabela's parents do not **approve** of his courtship with Pedro.

1875- orientação – guidance, orientation

Mary mandou a amiga dela para um consultor para conseguir alguma **orientação**.
Mary sent her friend to a counselor to get some **guidance**.

1876- sexual – sexual

Poliana sussurrou sugestões **sexuais** no ouvido de Mateus.
Poliana whispered **sexual** suggestions in Matthew's ear.

1877- bomba – bomb

Bombas são uma parte usual da guerra moderna.
Bombs are a common part of modern warfare.

1878- constar – to consist of, to appear in

Seus trabalhos **constam** de trinta e dois livros.
Her works **consist** of thirty-two books.

1879- derrota – defeat

A **derrota** entristeceu os fãs.
The **defeat** saddened the fans.

1880- relógio – watch, clock

O professor olhou o **relógio** para ver se era horário de almoço.
The teacher checked the **clock** to see if it was lunchtime.

1881- universitário – relating to the university

Ela era professora **universitária**.
She was as a **university** profesor.

1882- coronel – colonel

Helio tornou-se **coronel** depois de duas décadas de serviço militar.
Hélio became a **colonel** after two decades of military service.

1883- cálculo – calculation, calculus

Cálculos cuidadosos eram necessários para evitar que membros hostís da família fiquem muito próximos uns dos outros.
Careful **calculations** were necessary to avoid seating unfriendly family members too close to each other.

1884- apreciar – to appreciate

Eu realmente **aprecio** por toda ajuda que vocês me deram.
I really **appreciate** all the help you've given me.

1885- esposa – wife

Está casado com sua **esposa** há três anos.
He has been married to his **wife** for three years.

1886- coragem – courage

Era preciso **coragem** para levantar-se contra as multidões enfurecidas e dizer-lhes que estavam errados.
It took **courage** to stand up to the angry crowds and tell them they were wrong.

1887- sentença – sentence

A segunda **sentença** tem um erro de ortografia que precisa ser corrigido.
The second **sentence** has a spelling error that needs correction.

1888- fruta – fruit

Diferentes **frutas** fornecem vitaminas diferentes.
Different **fruits** provide different vitamins.

1889- dom – gift, honorific title

Ele tem um **dom** para música.
He has a **gift** for music.

1890- abordar – to deal with, to approach

O boxeador **abordou** seu oponente com cuidado.
The boxer **approached** his opponent carefully.

1891- terrível – terrible

Foi uma experiência **terrível** e eu fiquei sem ir trabalhar por uma semana.
It was a **terrible** experience, and I was off work for a week.

1892- contínuo – continuous

O barulho da estrada próxima era **contínuo** e eu não conseguia dormir.
The noise from the nearby highway was **continuous**, and I couldn't sleep.

1893- exploração – exploration, exploination

Os sindicatos tentaram combater a **exploração**.
The unions tried to fight **exploitation**.

1894- febre – fever

Nate não foi trabalhar porque tinha **febre**.
Nate didn't go to work because he had a **fever**.

1895- competência – competence

Sarah tem **competência** em três línguas estrangeiras.
Sarah has **competence** in three foreign languages.

1896- atraso – delay

Seu **atraso** custou à companhia centenas de dólares.
His **delay** cost the company thousands of dollars.

1897- tese – thesis

O filósofo lança uma **tese** interessante em seu livro.
The philosopher sets out an interesting **thesis** in his book.

1898- consumo – use, consumption

O **consumo** de bens descartáveis aumentou ultimamente.
Consumption of disposable goods has increased lately.

1899- invasão – invasion

A **invasão** começou de madrugada na manhã seguinte.
The **invasion** began at dawn the next morning.

1900- mineiro – mining, miner

Os **mineiros** entraram em greve por melhores salários.
The **miners** went on strike for better wages.

1901- propriamente – exactly, proper(ly)

A maçaneta não é parte da porta **propriamente** dita, mas é algo extra e essencial.
A handle is not part of a door **properly**, but it is an essential extra.

1902- lago – lake

Mark foi pescar no **lago** fim de semana passado.
Mark went fishing at the **lake** last weekend.

1903- despertar – to awaken

Quando você **despertar** reflita sobre o que quer conquistar hoje.
When you **awaken**, reflect on what you want to accomplish today.

1904- expansão – expansion, expanse

Mantendo a pose de ioga, Michelle se concentrou na **expansão** de seu peito enquanto inspirava.

Holding the yoga pose, Michelle concentrated on the **expansion** of her chest as she breathed in.

1905- demasiado – too much

Ele a amava **demasiado** para deixá-la.
He loved her **too much** to leave her.

1906- novela – soap opera

Adoro assistir **novelas**.
I love watching **soap operas**.

1907- civilização – civilization

Conhecemos pouco das primeiras **civilizações** desta zona.
Little is known of the early **civilizations** in this area.

1908- arrancar – to tear away/out of

Ele **arrancou** uma página da revista.
He **tore out** a page from the magazine.

1909- facilmente – easily

Karen disse que faria, mas que poderia **facilmente** mudar de ideia.
Karen said she'd do it, but she could **easily** change her mind.

1910- desistir – to give up

Desisto, você é muito melhor que eu nesse jogo!
I **give up**, you're far better than me at this game!

1911- gasto – expenditure

O **gasto** de 10 mil libras da empresa numa campanha de marketing compensou quando ela trouxe a ela centenas de milhares em negócios.

The company's £10,000 **expenditure** on a marketing campaign paid off when it brought them hundreds of thousands in business.

1912- culto – worship, cult, learned

As autoridades envolvidas estão chamando o grupo de **culto**.
Concerned authorities are calling the group a **cult**.

1913- confundir – to confuse

Confunde-me quando você me dá tantas instruções de uma só vez.
It **confuses** me when you give so many instructions all at once.

1914- sensível – sensitive

Meu pescoço é **sensível** e fica irritado facilmente.
My neck is **sensitive** and gets irritated easily.

1915- trigo – wheat

Trigo é usado em muitas comidas diferentes.
Wheat is used in a lot of different foods.

1916- carecer – to need, to lack

O rótulo **carece** de informações sobre os efeitos colaterais desta droga.
The label **lacks** information about the side effects of this drug.

1917- retornar – to return

Eu sempre **retorno** à cidade na qual cresci.
I often **return** to the town I grew up in.

1918- quilo – kilo (gram)

Eu vou querer um **quilo** de presunto fatiado, por favor.
I'll have a **kilo** of sliced ham, please.

1919- lavar – to wash, to clean

Não se esqueça de **lavar** as mãos.
Don't forget **to wash** your hands.

1920- obedecer – to obey

As crianças devem **obedecer** aos seus pais.
Children should **obey** their parents.

1921- liga – league, connection

O senhor decidiu formar uma **liga** para ir atrás de seus interesses.
The gentlemen decided to form a **league** to pursue their interests.

1922- pacto – agreement, pact

O casal fez um **pacto** de não discutir mais.
The couple made a **pact** not to argue anymore.

1923- particularmente – particularly

Seja **particularmente** cuidadoso quando dirigir na neve.
Be **particularly** careful when driving in icy conditions.

1924- novidade – news (gossip), new thing

Sabe da **novidade** do Pedro e da Ana? Eles vão ter um filho.
Did you hear the **news** about Pete and Amy? They are going to have a baby.

1925- crescente – growing, increasing

Há um número **crescente** de gatos neste bairro.
There are an **increasing** number of cats in this neighborhood.

1926- favorável – favorable, in favor

O restaurante recebeu várias críticas **favoráveis**.
The restaurant has received several **favorable** reviews.

1927- suspenso – suspended

Há um gancho no topo da lanterna que pode ser usado para **suspendê**-lo.

There is a hook on top of the lantern which can be used to **suspend** it.

1928- domingo – Sunday

Nós geralmente vamos à igreja aos **domingos**.

We usually go to church on **Sundays**.

1929- verso – verse

Você já tentou escrever uma carta em **versos**?

Have you ever tried to write a letter in **verse**?

1930- óleo – oil

Ele espirrou **óleo** na dobradiça da porta para fazê-la parar de ranger.

He sprayed some **oil** on the door hinge to stop it from squeaking.

1931- fabricar – to manufacture

A industria **fabrica** tratores.

That industry **manufactures** tractors.

1932- mecânico – mechanic, mechanical

Três dos nossos melhores **mecânicos** estão trabalhando para consertar o gerador.

Three of our best **mechanics** are working on fixing the generator.

1933- reconhecimento – recognition

Inicialmente Julia não fazia ideia de quem Harry era, mas depois ele notou o **reconhecimento** nos olhos dela.

At first Julia had no idea who Harry was, but then he saw **recognition** in her eyes.

1934- prolongar – to go on, to prolong

Não vamos **prolongar** a reunião mais do que o necessário.
Let's not **prolong** the meeting any longer than it has to be.

1935- redução – reduction

A **redução** das taxas de juros foi bem recebida pelos devedores,
mas é menos popular entre os investidores.
The **reduction** in interest rates has been welcomed by borrowers,
but is less popular with investors.

1936- administrador – manager, administrator

Um dos **administradores** da empresa cuidará do assunto.
One of the **administrators** of the company will take care of the
issue.

1937- leste – east

O sol nasce no **leste**.
The sun rises in the **east**.

1938- vestido – dress

Ela vestiu um lindo **vestido** azul.
She wore a beautiful blue **dress**.

1939- perfeitamente – perfectly

Ele respondeu a todas as perguntas **perfeitamente**.
He answered every question **perfectly**.

1940- compreensão – understanding

Ela é uma ótima terapeuta e tem um grande **entendimento**.
She is a great therapist and has great **understanding**.

1941- glória – glory

Os campeões voltaram para casa e desfrutaram da **glória** de sua vitória.

The champions returned home and enjoyed the **glory** of their win.

1942- instante – instant

Parecia ter tudo acabado em um **instante**.

It felt like it was all over in an **instant**.

1943- drama – drama

O **drama** foi encenado na escola por alunos-atores.

The **drama** was performed at the school by student actors.

1944- seio – center, bosom, breast

O bebê se alimentava no **seio** da mãe.

The baby fed from his mother's **breast**.

1945- render – to yield, earn (interest)

O investimento **rendeu** um forte retorno.

The investment **yielded** a strong return.

1946- segredo – secret

Você promete não contar este **segredo** para ninguém?

Do you promise not to tell anybody this **secret**?

1947- chinês – Chinese

Julie fala **chinês** e francês.

Julie speaks **Chinese** and French.

1948- paralelo – parallel

Há certos **paralelos** entre a vida de Mark e a minha.

There are certain **parallels** between Mark's life and mine.

1949- soltar – to release, unfasten

A cadeia **soltou** o prisioneiro depois de quatro anos.
The jail **released** the prisoner after four years.

1950- redondo – round

As bolas de tênis são **redondas**, mas as de rúgbi não.
Tennis balls are **round**, but rugby balls are not.

1951- pedido – request, requested

O **pedido** foi recusado por falta de fundos.
The **request** was denied for lack of funds.

1952- idêntico – identical

Eu tentei entrar em um carro que era **idêntico** ao meu.
I tried to get into a car that was **identical** to mine.

1953- cultivar – to cultivate

É precisa muita paciência para **cultivar** toranja.
It takes a lot of patience to **cultivate** grapefruit.

1954- cristão – Christian

Cristãos são uma minoria pequena, mas próspera no país.
Christians are a small but prosperous minority in the country.

1955- equipe – team

A **equipe** de basquetebol ganhou seu primeiro jogo.
The basketball **team** won its first game.

1956- muro – wall

Na cidade de Nova York, muitos **muros** estão cobertos de pichações.
In New York City, many **walls** are covered with graffiti.

1957- salão – large room, meeting hall, salon

O mordomo mostrou os convidados em um **salão** e disse-lhes que a dona da casa se juntaria a eles em breve.

The butler showed the guests into a **salon** and told them the lady of the house would join them shortly.

1958- visível – visible

Conforme o tempo passava, tornou-se **visível** que Darla estava na verdade grávida.

As time went on, it became **visible** that Darla was not actually pregnant.

1959- camada – layer, sheet

Para encontrar água, perfuramos muitas **camadas** de rocha.

To find water, we drilled through many **layers** of rock.

1960- cérebro – brain

O **cérebro** dela foi muito danificado no acidente.

She suffered severe damage to her **brain** in the accident.

1961- coleção – collection

Ela tem uma **coleção** de rochas.

She has a rock **collection**.

1962- publicação – publication

Quais **publicações** você lê regularmente em casa?

What **publications** do you read regularly at home?

1963- romano – Roman

O sistema de metrô **romano** é rápido e conveniente.

The **Roman** subway system is fast and convenient.

1964- juízo – judgment, good sense

Exerça seu **juízo** quando lidar com estas pequenas infrações.
Exercise your **judgment** when dealing with these small infractions.

1965- concelho – municipality, county, council

O **concelho** está considerando instalar um semáforo naquele cruzamento.
The **council** is considering installing a traffic light at that intersection.

1966- satisfação – satisfaction

George passou horas limpando e polindo e sentiu uma grande **satisfação** quando olhou em volta da casa limpa e organizada no final do dia.
George spent hours cleaning and polishing and felt great **satisfaction** when he looked around the clean and tidy house at the end of the day.

1967- caracterizar – to characterize

O verão é **caracterizado** por dias quentes e noites frescas.
Hot days and cool nights **characterize** the summers here.

1968- primo – cousin, prime

A filha do tio Mike, Maria, é minha **prima** preferida.
Uncle Mike's daughter Maria is my favourite **cousin**.

1969- exclusivamente – exclusively

O acesso a esta área é **exclusivamente** para funcionários.
Access to this area is **exclusively** for employees.

1970- miséria – misery, poverty

O governo era opressivo e as pessoas viviam na **miséria**.
The government was oppressive, and the people lived in **misery**.

1971- execução – execution

A **execução** do assassino deve ocorrer no final do mês.
The murderer's **execution** is due to take place at the end of the month.

1972- escândalo – scandal

O **escândalo** de *insider trading* abalou os mercados.
The insider trading **scandal** rocked the markets.

1973- ordenar – to command, order

Estou **ordenando** que você devolva o dinheiro e peça desculpas.
I'm **ordering** you to put that money back and apologize.

1974- avenida – avenue

Os casais normalmente passeiam pela **avenida** na primavera.
Couples often stroll along the **avenue** in the spring.

1975- esquema – scheme

Ele está sempre pensando num novo **esquema** para ficar rico.
He is always thinking of a new **scheme** to become rich.

1976- expresso – expresso

Sarah comprou um café **expresso** no supermercado.
Sarah bought some **espresso** from the supermarket.

1977- sensibilidade – sensitivity, sensibility

A **sensibilidade** de Ian significa que seus colegas não ousam criticá-lo.

Ian's **sensitivity** means his colleagues don't dare criticize him.

1978- galeria – gallery

O shopping era uma grande **galeria** com lojas dos dois lados.

The mall was a large **gallery** with shops on both sides.

1979- âmbito – level, ambit

Cabe à matriz esclarecer o **âmbito** das responsabilidades do nosso departamento.

It is up to Head Office to clarify the **ambit** of our department's responsibilities.

1980- lançamento – release, launching

A editora agendou o primeiro de junho para o **lançamento** de seu novo romance.

The publisher has scheduled June the first for the **release** of her new novel.

1981- armar – to arm, to assemble, to equip

A diretoria da escola aprovou um plano para **armar** os policiais no campus.

The school's board of trustees has approved a plan **to arm** police officers on campus.

1982- estatuto – statute

Nos **estatutos** existentes, a família não possui recursos legais.

Under existing **statutes**, the family has no legal remedy.

1983- sequência – sequence

O acidente aconteceu tão rápido que, depois, Jane teve dificuldades em lembrar a **sequência** exata dos eventos.
The accident happened so fast that, afterwards, Jane had trouble remembering the exact **sequence** of events.

1984- composto – composed (of), made up (of)

Concreto é um material **composto**.
Concrete is a **composed** material.

1985- mistério – mystery

Nós estamos investigando o **mistério** do seu desaparecimento.
We are investigating the **mystery** of her disappearance.

1986- louco – mad, crazy

Havia um homem **louco** no metrô hoje.
There was a **crazy** man on the metro today.

1987- significado – meaning, significance

Este anúncio tem grande **significado** para aqueles que querem a paz.
This announcement has great **significance** for those who want peace.

1988- pacífico – Pacific (ocean), calm

Leva muito tempo para voar pelo **Pacífico**.
It takes a long time to fly across the **Pacific**.

1989- absorver – to absorb

A toalha **absorveu** o excesso de água.
The towel **absorbed** the excess water.

1990- arroz – rice

Comida indiana frequentemente é servida com **arroz**.
Indian food is often served with **rice**.

1991- evento – event

Eis aqui a programação de **eventos** para a próxima estação.
Here's the schedule of **events** for the next season.

1992- senado – senate

O **senado** romano tinha originalmente 100 senadores.
The Roman **senate** originally had 100 senators.

1993- estimular – to stimulate

As crianças foram **estimuladas** pelo programa de televisão
educativa.
The children were **stimulated** by the educational television show.

1994- decisivo – decisive

O clima terá um papel **decisivo** nas atividades de hoje.
The weather will play a **decisive** role in today's activities.

1995- solidariedade – solidarity, mutual

A demonstração de **solidariedade** das mulheres era tocante.
The women's display of **solidarity** was touching.

1996- núcleo – nucleus, core

O **núcleo** do problema continua sem solução e os dois lados
continuam em guerra.
The **core** of the problem remains unsolved, and the two sides
continue to be at war.

1997- optar – to opt

As crianças **optaram** por fazer o dever de casa em vez de suas tarefas.

The children **opted** to do their homework instead of their chores.

1998- atmosfera – air, atmosphere

A **atmosfera** estava carregada de fumaça depois da explosão.

The **atmosphere** was thick with smoke after the explosion.

1999- todavia – but, still

Eu posso ser velho, **todavia** ainda posso andar de bicicleta.

I may be old, **but** I can still ride a bike.

2000- sujeitar – to subject

Ela tem que se **sujeitar** a todas as regras da instituição.

She has to **subject** herself to all the institution's rules.

CONCLUSION

And thus, we've finally reached the very end of this wonderful list of the **2000 Most Common Words in Portuguese!** Be glad: your vocabulary has been greatly increased, and as we mentioned before, if you've properly studied these words then you will have developed your understanding of non-fiction to 84%, your fiction to 86.1%, and your oral speech to 92.7%. Those are incredible numbers, considering how important the understanding of vocabulary is when learning a new language and using that to communicate in new languages and with different cultures.

While you've read this great list, you may have noticed the similarities and differences between English and the Portuguese tongue. Make sure to practice this and ensure that you're using the correct term for what you're saying to avoid any misunderstandings!

We are happy to have helped you with your Portuguese and hope to see you again soon.

So, take care and study hard, and don't forget the 4 tips we gave you at the beginning if you want to become a Portuguese pro!

1. Practice hard!
2. Don't limit yourself to these 2000 words!
3. Grab a study partner!
4. Write a story!

With that said, we've covered every single thing. Now go out and learn some more Portuguese — you're already more than halfway there!

P.S. Keep an eye out for more books like this one; we're not done teaching you Portuguese! Head over to www.LingoMastery.com and read our free articles, sign up for our newsletter. We give away so much free stuff that will accelerate your Portuguese learning and you don't want to miss that!

If you liked the book, we would really appreciate a little review wherever you bought it.

THANKS FOR READING!